golwg ar Gymru

I holl staff Golwg, heddiw a thros y blynyddoedd; i'r sylfaenwyr a chyfarwyddwyr y chwarter canrif sydd wedi rhoi eu hamser yn rhad ac am ddim; i gyfranwyr, ffrindiau a chefnogwyr y cylchgrawn ac, yn benna oll, i'r prynwyr.

golwg ar Gymru

Chwarter canrif o fywyd Cymru
trwy lygaid y cylchgrawn **golwg**

Golygydd: Dylan Iorwerth

Argraffiad cyntaf: 2013

Dymuna'r cyhoeddwyr gydnabod cymorth ariannol
Cyngor Llyfrau Cymru

Cynllun y clawr: Dyfan Williams

Rhif Llyfr Rhyngwladol: 978 1 84771 685 9

FSC

Cyhoeddwyd, rhwymwyd ac argraffwyd yng Nghymru gan
Y Lolfa Cyf., Talybont, Ceredigion SY24 5HE
gwefan www.ylolfa.com
e-bost ylolfa@ylolfa.com
ffôn 01970 832 304
ffacs 832 782

golwg ar chwarter canrif

Cyflwyniad

Crefft amherffaith ydi newyddiadura. Mae'n golygu cyfuniad cyson o fentro a chyfaddawdu yn wyneb amser ac amodau. Gwneud y gorau posib ydi'r unig nod. Crefft fwy amherffaith fyth ydi golygu cyfrol i gofnodi pum mlynedd ar hugain yn hanes unig gylchgrawn materion cyfoes wythnosol Cymru.

Nid cofnod o chwarter canrif sydd yn y gyfrol yma, ond argraff o gyfnod. Nid goreuon cylchgrawn *Golwg* chwaith, o angenrheidrwydd, er fod y rhan fwyaf o'r cynnwys hefyd yn haeddu'r disgrifiad hwnnw. Mae yna doreth o straeon, colofnau ac erthyglau gwirioneddol dda wedi gorfod cael eu hepgor, rhai am eu bod yn rhy amserol, eraill am eu bod yn rhy dynn i'w talfyrru.

Detholiadau sydd yma, ar y cyfan, nid erthyglau llawn. Blas o'r gwahanol bynciau, y gwahanol arddulliau a'r gwahanol agweddau a lifodd trwy'r tudalennau ers mis Medi 1988. Blas o'r cynnwys sy'n dal i olygu rhywbeth neu sy'n dal i daro tant yn 2013 – y llif o dan y penawdau. Mae yna ychydig o gysoni a diweddaru wedi bod ond, yn eu hanfod, mae'r cyfraniadau fel yr oedden nhw adeg eu cyhoeddi gyntaf.

Roedd angen dewis cynnwys oedd yn adlewyrchu tymer y gwahanol gyfnodau a chymeriad y cylchgrawn wrth iddo newid o dan olygyddion gwahanol ac o dan bwysau amgylchiadau newydd. Trio cynnwys cynifer â phosib o gyfranwyr hefyd, gan ymddiheuro'n arbennig i'r colofnwyr disglair sydd heb eu cynnwys, yn aml oherwydd eu bod nhw'n gwneud gwaith colofnwyr yn rhy effeithiol, trwy ymateb i newyddion y funud.

Lluniau hefyd. Mae *Golwg* wedi cael y fraint o gyhoeddi lluniau trawiadol tros y blynyddoedd gan ffotograffwyr sydd â llygaid miniog a'r dechneg i ddal ysbryd digwyddiadau ac eneidiau pobol. Cynrychioli'r gweddill i gyd y mae'r dewis prin yn y gyfrol yma.

Mae'r gyfrol yn canolbwyntio ar Gymru, er fod *Golwg* wedi llwyddo i gyfleu rhai o'r digwyddiadau mawr byd-eang, yn arbennig trwy'r ffotograffwyr. Mi fydd rhai o'r delweddau o chwyldro dwyrain Ewrop, er enghraifft, yn dweud mwy na thraethodau hanesyddol. Felly hefyd lawer o'r lluniau o Gymru, ein priod faes.

Crefft mewn cyd-destun ydi newyddiadura; mae'r byd y mae *Golwg* yn sylwi arno wedi newid ac mae'r dechnoleg i wneud hynny wedi newid yn ddychrynllyd hefyd.

Pan gerddodd dau neu dri ohonon ni i fyny grisiau caled i loriau pren di-garped y swyddfa dros dro gyntaf yng Nghastellnewydd Emlyn, y nod oedd cynhyrchu cylchgrawn o fath newydd yn Gymraeg, efo'r pwyslais ar straeon cryf, lluniau da a dylunio gwreiddiol. Y bwriad oedd trin pob agwedd ar fywyd Cymru mewn ffordd newyddiadurol, efo'r un parch, er enghraifft, i gelfyddydau a chwaraeon, llenyddiaeth a materion y dydd.

Am lai na phedair blynedd y bues i'n golygu'r cylchgrawn, er fy mod i wedi llenwi bwlch unwaith neu ddwywaith wedyn. Dyna gyfnod y dysgu, yr oriau gwaith gwallgo, y jyglo cyfrifoldebau a'r mwynhad mwyaf erioed.

Yng Nghymru, wrth reswm, doedd pawb ddim yn hapus ond, tros chwarter canrif, mae'r cylchrediad wedi aros yn gyson o amgylch 3,000, gan godi gydag ambell rifyn tros y 4,000. Nid yr un ydi'r darllenwyr; mae cenhedlaeth gyfan wedi mynd ers inni ddechrau, felly mae'n rhaid fod to newydd wedi dod yn eu lle.

Roedd llawer mwy yn gefnogol, o'r ddau gyfarwyddwr gwreiddiol arall – Wynne Melville Jones a'r diweddar Roy Stephens – i'r deuddeg a luniodd fwrdd o ymgynghorwyr golygyddol ar y dechrau'n deg. Mi fentrodd ambell gynghorydd yn Nyfed a Cheredigion i gefnogi yn nannedd rhagfarnau eraill ac roedd arian gan Gyngor y Celfyddydau, S4C a TAC hefyd yn allweddol yn y blynyddoedd cynnar. Ers 1988, mae yna nifer o gyfarwyddwyr gwerthfawr wedi rhoi eu hamser yn gwbl wirfoddol, heb hawlio costau hyd yn oed. Maen nhw'n credu yn y cylchgrawn a'r cwmni, sy'n gwmni dielw, yn ailfuddsoddi ei holl incwm yn y cyhoeddiadau.

Cyngor Llyfrau Cymru sydd bellach yn gyfrifol am yr arian nawdd ar ran Llywodraeth Cymru ac, yn groes i argraff ambell un, mi allwn ni ddweud yn bendant nad ydi'r naill na'r llall ohonyn nhw erioed wedi ceisio ymyrryd yng nghynnwys *Golwg* na dylanwadu ar ei farn.

Elfen allweddol arall ar y dechrau oedd cefnogaeth weithredol asiantaeth economaidd Antur Teifi a'i phrif weithredwr, Wynfford James. Efo dau neu dri o'i staff, roedden nhw'n gallu helpu i gau'r bwlch rhwng dyhead newyddiadurol a realiti byd busnes mewn ffordd na fyddai'n bosib bellach i gorff yn y maes datblygu. Ond mae ardal – ardaloedd – Cymraeg yng nghefn gwlad wedi elwa tros chwarter canrif oherwydd eu gweledigaeth.

Ac mi dyfodd y cwmni. Oherwydd llwyddiant newyddiadurol a masnachol *Golwg*, roedd modd datblygu comic i blant bach, *WCW a'i ffrindiau*, a chylchgrawn i ddysgwyr, *Lingo Newydd*, heb sôn am atodiadau ffordd-o-fyw ac ieuenctid yn y cylchgrawn ei hun. Fyddai'r un o'r cylchgronau'n byw cystal ar eu pen eu hunain ond, trwy rannu cryfder, mae modd gwneud llawer mwy na gyda theitlau unigol. Trwy ddefnyddio'r adnoddau a'r sgiliau o fewn y cwmni, roedd modd datblygu adain fasnachol Gwasanaethau Golwg hefyd i wneud gwaith sgrifennu, dylunio a chyhoeddi i gwsmeriaid o bob math. Mae honno wedi gwneud mwy nag unrhyw grantiau i gynnal y cylchgronau.

Hanner dwsin ohonon ni oedd yn y swyddfa go iawn gyntaf yn Llanbed, yn cynhyrchu cylchgrawn mewn ffordd a oedd, ar y pryd, yn chwyldroadol. Mi fyddai'n ymddangos yn feichus iawn erbyn heddiw.

Mae un o'r hanner dwsin yna, Enid Jones, wedi bod yn un o gonglfeini'r cwmni ar hyd y blynyddoedd – o'r dechrau pan oedd yn swyddog gweinyddol hyd at heddiw a hithau'n gyfrifol am ochr fusnes y cwmni. Mae'r ochr honno yr un mor bwysig yn y pen draw â'r newyddiaduraeth, wrth i grantiau fynd yn rhan lai a llai o incwm y cwmni. Fel y buodd hi yn hanes y wasg erioed, yr ochr fusnes sy'n creu cyfle i'r newyddiaduraeth.

A gweddill y staff … llif cyson a chreigiau cadarn … rhai wedi rhoi gwasanaeth gwerthfawr am flynyddoedd, eraill wedi gwneud cyfraniad llachar tros gyfnod byr. Wynebau ifanc yn dod, wrth i fy un i heneiddio, a llawer bellach yn gwneud cyfraniad i fywyd Cymru, trwy newyddiaduraeth neu mewn meysydd eraill. Does dim posib enwi, dim ond diolch o galon iddyn nhw a chyfranwyr llawrydd a wnaeth gyfraniad anferth.

A diolch i ddarllenwyr, am gefnogi ac annog, am gwyno ac ymateb, am ddweud pethau caredig. Diolch mwy fyth i brynwyr! Ac i hysbysebwyr, wrth gwrs – mae'r wasg brint wedi bod erioed yn lle marchnad yn ogystal â llwyfan.

Ond newyddiaduraeth ydi canolbwynt y cyfan. Y grefft amherffaith o drio adnabod y pethau pwysig sy'n digwydd o'n cwmpas ni ac adrodd straeon am y rheiny mewn ffordd fywiog a chraff. Drych yn ogystal â ffenestr – ffordd o weld y byd, ond ffordd o weld ein hunain hefyd. Syrffio ar donnau croesion a thrio gweld y cerrynt dyfnach a synhwyro cyfeiriad y gwynt.

Mi wnaethon ni gamgymeriadau, wrth reswm – fi yn fwy na neb – ond mi allwn ni i gyd ddweud na wnaethon ni gam yn fwriadol. Yn groes i'r gred gyffredin, mae newyddiadura hefyd yn her foesol anodd sy'n gofyn am bwyso a mesur parhaus rhwng gwahanol ystyriaethau. Yn y diwedd, y ddyletswydd i'r darllenwyr sy'n gorfod troi'r fantol.

Crefft y funud ydi newyddiadura ond mae pori trwy chwarter canrif o rifynnau o *Golwg* yn dangos ei bod hi'n fwy na hynny hefyd. Yn eu hamrywiaeth, mae'r erthyglau a'r straeon yn dal ysbryd gwahanol gyfnodau a theimlad oes, mewn ffordd na fydd haneswyr y dyfodol yn gallu ei wneud. Ac yng nghanol yr holl newid, mae'n drawiadol pa mor gyson ydi rhai themâu a thueddiadau a pha mor oesol ydi'r brwydrau.

Dyma chwarter canrif datganoli a chwarter canrif o wrthdaro rhwng gor-hyder a digalondid ynglŷn â'r iaith. Ac roedd yna frwydro tros iaith *Golwg*, wrth inni osgoi creu un arddull haearnaidd neu un math llenyddol o Gymraeg a fyddai'n plesio'r plismyn. Roedd yna gamgymeriadau, wrth gwrs, ond y nod pennaf

ydi Cymraeg hyblyg sy'n gallu cyfleu amrywiaeth Cymru heddiw, o goethder Dic Jones i iaith anffurfiol llawer o'r bobol sy'n siarad â ni.

Yn anorfod, mae *Golwg* wedi bod yn rhan o stori'r chwyldro technoleg, a neb ohonon ni eto wedi hanner deall ei hyd a'i led. Fel yr oedd hi yn achos y wasg argraffu ei hun, mae'n llawer mwy na chwyldro o ran prosesu gwybodaeth; mae'n newid natur y wybodaeth a'n ffordd ninnau o ddelio â hi. Mae'n rhaid i'r Gymraeg fyw trwy'r chwyldro hwnnw.

Mae hynny'n golygu y bydd *Golwg* yn newid eto, fel y gwnaeth tros chwarter canrif. Wrth i newyddion ar y We gyflymu a phrysuro, mi fydd angen o hyd – mwy o angen efallai – am gyhoeddiadau sy'n gallu tyrchu a dadansoddi, craffu a chofio. A gwneud hynny yn Gymraeg. Ar bapur neu ar sgrîn.

Crefft amherffaith ydi newyddiadura, ond crefft hanfodol hefyd.

Dylan Iorwerth
Golygydd Gyfarwyddwr Golwg
Gorffennaf 2013

golwg ar bum mlynedd
1988–93

Y prif ddigwyddiadau

Roedd yna newid ysgytiol yn nwyrain Ewrop wrth i fur Berlin a'r Llen Haearn gael eu chwalu. A chwalu wnaeth gobeithion y Cymro Neil Kinnock o ddod yn Brif Weinidog Llafur – er fod Margaret Thatcher wedi cael ei gorfodi i fynd gan ei phlaid ei hun, fe lwyddodd John Major yn annisgwyl i ddal grym i'r Ceidwadwyr yn 1992.

Yng Nghymru, roedd hi'n ddiwedd cyfnod hefyd wrth i un dyn ifanc gael ei garcharu am ei ran yn ymgyrch losgi Meibion Glyndŵr. Fu dim ymosodiadau wedyn, ond doedd fawr neb yn credu – gan gynnwys yr heddlu – fod y Meibion i gyd wedi'u dal.

Roedd tudalennau *Golwg* yn cynnwys straeon sy'n rhan o lif hanes – fel cau pwll glo olaf y Rhondda neu ddechrau datblygu ffermydd gwynt. Yn y rhifyn cyntaf oll, roedd erthygl am Fwrdd Iaith anstatudol a thrafod Deddf Iaith; roedd yna ddadlau tros safon y Gymraeg wrth i S4C arbrofi gydag ychydig o Saesneg ar y rhaglen *Heno*; ac roedd Canolfan Iaith Nant Gwrtheyrn dan fygythiad ar ôl methiant menter i geisio agor gwesty.

Erbyn diwedd y pumawd, roedd rhai o'r lluniau mewn lliw ac roedd atodiad o'r enw *Atolwg* yn cynnwys deunydd am ffordd o fyw.

GOLWG

RHIFYN ARBENNIG 60c
WYTHNOS GYNTA' AWST, 1988

BOB WYTHNOS O FIS MEDI YMLAEN

DEDDF IAITH-
Y STORI GUDD

AGGRO CEFN GWLAD

BRWYDR YM MYD
TELEDU

JABAS

G
GOLWG

60c

10 MLYNEDD O LOSGI

WALI, WALI, WALI!

G
GOLWG

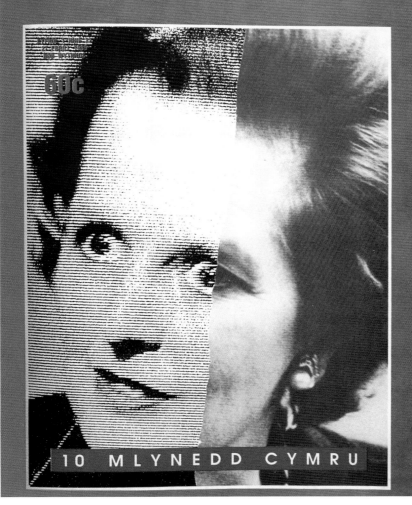

GOLWG

60c

10 MLYNEDD CYMRU

GOLWG

GUCCI CŴ

George... mewn... steil yn

ATOLWG!

RHIFYN MAWR EISTEDDFOD

G GOLWG

60c

CALENDR LLIW AM DDIM

CRACAR O'RIFYN

NADOLIG
TEULU'R MANS
SLAC YN DYNN
MARGED EAMES
LLAWER IAWN...

gair golygydd
robin gwyn
Awst 1992 – Chwefror 1996

"Tlodion yn byw mewn cytia ym mherfeddion y Congo!"

Dyna'r ateb ges i gan gwpwl o *geeks* i'r cwestiwn: "Pwy fydd yn elwa fwya o ddyfodiad yr *information super-highway*, felly?"

Mi ddes i ar draws brwdfrydedd heintus y *geeks* ym mherfeddion Ceredigion ar ddechrau'r 90au, ar ôl clywed bod criw ifanc yn sefydlu eu fersiwn nhw o Gwm Sglodion California yn Nyffryn Teifi.

A finnau'n Olygydd *Golwg* ar y pryd, roedd gen i ddiddordeb arbennig yn y stori; nid jyst i lenwi'r cylchgrawn ond oherwydd bod yr hyn yr oedd y *geeks* yn ei ddatblygu yn cynnig posibiliadau cyffrous i *Golwg* ei hun – cyfle i atal yr artaith o ffacsio cywiriadau i broflenni yn ôl ac ymlaen o Lanbed at wasg y *Cambrian News* yn Aber.

Ugain mlynedd yn ddiweddarach, wrth gwrs, mae'n wir bod y We wedi chwyldroi *Golwg* a bywydau biliynau o bobol. Ryden ni i gyd yn gyhoeddwyr bellach.

Ond, tybed, pwy sydd wedi elwa fwyaf? Pobol ddifreintiedig Affrica – neu Murdoch, cynhyrchwyr porn, yr NSA a GCHQ? Dyna'r math o dyrchu o dan yr wyneb sydd wedi nodweddu newyddiaduraeth *Golwg* ers chwarter canrif.

A dyna pam yr oedd hi'n fraint bod yn Olygydd.

Mawrth 30, 1989

Y shifft ola

Mae ffordd o fyw un o ardaloedd Cymreicia'r wlad ar fin dod i ben. Y penwythnos diwetha roedd pedair shafft yng Nglofa Cynheidre – y pwll ola yng Nghwm Gwendraeth – yn cael eu llenwi gyda gwastraff er mwyn eu cau am byth. Wrth i'r gwaith o godi'r peiriannau o'r ffas ddirwyn i ben, roedd gohebydd *Golwg* ymhlith y bobol ola i gael mynd i grombil y pwll i siarad gyda rhai o'r gweithwyr am eu teimladau ar ddiwedd cyfnod.

Yn 1920, roedd yna fwy na 400 o byllau glo yng Nghymru. Erbyn yr haf, gyda chau Cynheidre a Phwll y Marine yng Ngwent, naw yn unig fydd ar ôl. Fydd yna ddim un o gwbl yng Nghwm Gwendraeth …

Fe ddaeth y gwaith o gynhyrchu glo yng Nghynheidre i ben ym mis Ionawr – mae'r 660 o weithwyr sydd ar ôl yno wedi derbyn mai ofer fyddai gwrthwynebu'r penderfyniad i gau'r pwll. Y cyfan oedd ar ôl i'w wneud oedd arbed rhai o'r peiriannau drud o'r perfeddion. Un lofa arall wedi ei chroesi oddi ar restr Glo Prydain, wrth i'r paratoi at breifateiddio fynd yn ei flaen.

Eisoes mae rhai o'r gweithwyr yn sôn am waith yn Lloegr; mae dau o'r glowyr ieuenga'n ystyried mynd tros y dŵr. Fe ddywedodd tad un Cymro Cymraeg ifanc ei fod wedi cael ffurflenni i ymfudo i Ganada – does dim gwaith i'w gael yn y cylch.

Draw yn y cwm nesa, mae pwll Cymraeg arall, y Betws ger Rhydaman, yn gorfod colli swyddi hefyd. Mae'r hyn sydd yn digwydd i'r diwydiant glo yng ngwaelod Dyfed a Gorllewin Morgannwg yn gymaint o fygythiad i'r iaith ag yw'r mewnlifiad yng Ngheredigion a Phenfro.

Dyw Noel Grice, Peiriannydd Diogelwch Cynheidre, ddim yn un i athronyddu'n aml – mae ganddo ormod ar ei blât i wneud hynny fel arfer. Ond heddiw, mae yna funud i feddwl cyn camu i mewn i gaets shafft rhif 2. "Mewn rhyw chwe mis," meddai, "fe fydd hi'n anodd dychmygu dreifio heibio'r lle a sylweddoli na fydd yna ddim byd yma – dim siw na miw i'w glywed yn unman."

13

Mae bywyd y glöwr wedi cael ei ramanteiddio hyd syrffed dros y blynyddoedd. Ond y gwir amdani yw mai gwaith budr, blinedig a pheryglus sy'n wynebu unrhyw un sy'n dewis mynd i lawr y pwll. Ffordd o wneud i'r shifft fynd yn gyflymach yw ffraethineb y glöwr – ffordd o gadw hunan-barch yn y düwch a'r llwch.

Y gwirionedd yma sy'n taro rhywun gynta – yn enwedig gogleddwr nad yw erioed wedi bod yn agos i bwll glo – wrth i'r caets ddisgyn 660 llath i ddaear ddu yr hen Sir Gâr …

Wrth inni agosáu at y ffas ei hun, mae'n rhaid gwyro a chrymu gwar a gwylio rhag llithro ar y darnau glo caled sgleiniog ar lawr. Mae hi'n dod yn anos credu bod dynion yn gweithio dan amodau fel hyn am saith awr a hanner bob dydd.

Ym mhen eitha'r pwll, mae'r peiriannau cloddio'n gorwedd yn segur ac mae tua phymtheg o fois mwya profiadol Cynheidre wrthi'n eu datgymalu ac yn trafod y dyfodol.

Ar ei anterth, roedd Cynheidre'n cyflogi 1,400 o lowyr ac yn cynhyrchu 10,000 tunnell o lo caled safonol bob wythnos. Ac mae Vince Rogers, Rheolwr Cynheidre, yn pwysleisio'i fod yntau'n siomedig iawn bod traddodiad glofaol Cwm Gwendraeth yn dod i ben.

"Mae gyda fi gydymdeimlad mawr gyda'r dynion," meddai. "Fe ges i fy ngeni a fy magu ym Mhont-iets a dw i wedi gweithio fel glöwr am 37 o flynyddoedd fy hunan. Mae'n siom bersonol i mi orfod gadael y diwydiant dan amgylchiadau mor drist."

Ebrill 16, 1992

Roedd Golwg *ym Mhontllan-fraith ar noson ola ymgyrch y Blaid Lafur yn Etholiad Cyffredinol 1992. Yno, yn ei etholaeth ei hun, roedd ei harweinydd, Neil Kinnock, yn gwneud ei araith fawr ola yn arweinydd Llafur. Roedd rhai'n dal i feddwl y gallai Llafur ennill. Erbyn i'r erthygl ymddangos, roedd pawb yn gwybod fel arall.*

Kinnock – be nesa?

Roedd fel edrych ar un o ddramâu Shakespeare, lle mae'r diwedd yn amlwg i bawb ond y prif gymeriadau. Mwya yn y byd oedd y dathlu ar lawr y neuadd, mwya yn y byd oedd y cysgodion yn y corneli.

Roedd noson fawr ola Neil Kinnock yn arweinydd Llafur yn symbol o lawer o'i yrfa. Roedd y cwestiynau mawr ynglŷn â'r dyfodol eisoes yn yr awyr. Nid dyfodol Neil Kinnock, ond dyfodol yr hyn y mae'n ei gynrychioli.

Fe ddaeth i mewn i Ganolfan Hamdden Pontllan-fraith fel paffiwr ar fin rhoi cynnig am Bencampwriaeth y Byd … gorymdaith ara i lawr y canol, y camerâu o'i flaen ac o'i ôl, breichiau yn estyn i'w gyrraedd.

Yn y funud honno, roedd rhywun yn gweld cryfder y dyn … y gwenu llydan, didwyll wrth weld hen ffrindiau a pherthnasau yn y dorf, y cofleidio gwresog, y jocian a'r tynnu coes a iaith y symudiadau yn rhugl a chyfforddus.

Ar y llwyfan, roedd ar fin rhoi un o'i areithiau mawr ola yn arweinydd ei blaid. Nid araith ffurfiol, stiff, yn dilyn sgript fanwl ond llifeiriant o siarad uniongyrchol, hyderus. Pan fydd wedi ei gynhyrfu, un ai gan gynhesrwydd ei gynulleidfa neu gan her sefyllfa, ef yw'r areithiwr gorau yng ngwleidyddiaeth gwledydd Prydain.

Ei unig gystadleuydd gwirioneddol yw Michael Heseltine, yr Ysgrifennydd Diwydiant a Masnach newydd. Ond mae arddull y ddau ddyn fel eu gwalltiau – un Heseltine yn drawiadol a llawn steil ond wedi'i chwyddo'n artiffisial; un Kinnock, ar ei orau, yn uniongyrchol a thanllyd, yn rhoi'r argraff o emosiwn cry.

Felly yr oedd hi ar lwyfan Pontllan-fraith ar Ebrill 8, 1992. Roedd llefaru gorofalus y cyfweliadau teledu wedi mynd. "Mae fel bod yng nghanol y teulu," meddai. "Teulu estynedig yw hwn."

Ar ôl blynyddoedd o fod yn arwr ymladdgar y

chwith ac wyth mlynedd a hanner o fygu hynny er mwyn yr arweinyddiaeth, mae Neil Kinnock wedi datblygu arddull areithio dynn. Ar lwyfan, mae'n gynhyrfus.

"Fe wnawn ni yr hyn wnaethon ni yn 1945 …" ac mae'r ddwy law yn gwpan o'i flaen, yr ysgwyddau wedi eu tynnu at ei gilydd wrth esbonio'r gwaith creadigol yr oedd am ei wneud fel Prif Weinidog.

Wrth drafod y Ceidwadwyr, mae pob osgo'n un o wrthod. Y fraich yn mynd at allan, fel rhywun yn gwthio rhywbeth o'r neilltu. Wrth drafod gobaith y Blaid Lafur, mae pob osgo ar i mewn, fel rhywun yn cofleidio neu anwylo.

Yn rhythmau'r geiriau eu hunain, mae sŵn pregethau'r ganrif ddiwetha wedi'u hidlo trwy areithiau asgell chwith y ganrif hon a'u trosglwyddo o un genhedlaeth i'r llall. Pan fydd John Major yn rhefru, sŵn offeiriad yn ailadrodd litanïau undonog yr eglwys sydd yna, neu gyfrifydd yn darllen prisiau'r farchnad; pan fydd Neil Kinnock mewn hwyl, mae'n llawn o sŵn y pregethwr yng nghanol ffair.

Weithiau, roedd yn plygu'n ôl. Fel anifail yn pystylad; weithiau roedd yn plygu 'mlaen fel tarw yn ymosod; fwy nag unwaith, roedd yn anwesu ymyl y ddesg ddarllen o'i flaen, fel petai'n tynnu nerth o'r neuadd.

Roedd o'n siarad fel petai'r etholiad eisoes wedi ei ennill – mi fydden nhw'n ennill yn 1997 hefyd ac, erbyn hynny, fe fyddai cymdeithas well, garedicach wedi ei chreu.

Fel yr oedd y geiriau'n llifo trwy'r rhesi o Lafurwyr dosbarth gweithiol eiddgar yn y neuadd, roedd cannoedd o filoedd o bobol gwledydd Prydain eisoes yn penderfynu na fyddai hynny'n digwydd.

Chwefror 15, 1990

Fwy nag unwaith, fe gafodd Golwg *gyfweliadau gyda rhai o enwau mawr y byd pêl-droed – John Charles, Ivor Allchurch … a Wali Tomos, leinsman Bryncoch Utd o'r gyfres gomedi gwlt,* C'mon Midffîld.

Mam, secs a'r grefft o fod yn leinsman …

G: Mae yna rai wedi cymharu George [Hughes, prif sgoriwr Bryncoch] ag Ian Rush. Tebygrwydd neu wahaniaeth sydd amlyca yn eich barn chi?

WT: Tebygrwydd dw i'n gweld fwya achos mae'r ddau yn medru sgorio … fedar yr un o'r ddau siarad na Chymraeg na Saesneg 'te, ac mae'r ddau wedi bod yn Itali a Fflint – heblaw am George, achos 'di o ddim 'di bod yn Fflint.

G: Oes gyda chi ddiddordeb mewn unrhyw gêmau eraill?

WT: Mi fydda i'n chwarae donimôs yn y Bull. Mae honno'n hen gêm ryff … wel, mae hi ffordd mae George yn ei chwarae hi 'te. Mi fydda i'n chwarae Monopoli efo Mam. Fi sy'n ennill, ond bod Mam yn gwrthod talu, a pan mae hi'n landio ar fy hotel i mae hi'n dechra edliw i mi faint ydw i'n talu am aros efo hi. Dwi wedi byw efo Mam yn tŷ ni erioed, o'r dechrau un. Ond oedd hi yno o 'mlaen i. Oedd Dad wedi marw ers deugian mlynadd.

G: Mae yna ddadl ynglŷn â'r pwnc a ddylai chwaraewyr gael secs cyn gêm. Beth yw eich barn chi?

WT: 'Sa rhai ohonan ni'n reit falch o gael secs ar ôl y gêm. Ond efo'r iaith sy ar y cae fasach chi'n meddwl bod nhw'n cael secs yn ystod y gêm hefyd. Fel y deudodd Syr Tomos Parri: "Mae o'n brifo 'nghlust i …"

G: Pwy yw'r chwaraewr pêl-droed gorau erioed yn eich barn chi?

WT: Roy Vernon. Mi clywis i o'n sgorio tair gôl i Everton ryw dro. Dim ond ei glywad o'n sgorio wnes i achos oedd 'na anfarth o Sgowsar mawr yn sefyll o 'mlaen i.

G: Everton oedd eich hoff dîm chi, felly?

WT: Dyna pwy oedd Mr Picton yn syportio. Oedd well gin i Blackburn fy hun, 'te, ond dim ond i Everton oedd Mr Picton yn arfar mynd. Oedd 'na ddim lot o boint gweiddi "Cym on, Blackburn" a finna'n gwylio Everton ne fasa pobol yn meddwl bod 'na rhwbath yn bod arna i.

G: Sut ddechreuoch chi gymryd diddordeb mewn pêl-droed?

WT: Yn ysgol bach Bryncoch. Oedd 'na 11 o hogia yn yr ysgol. Fysa'r rhan fwya'n deud, "O, am handi, tîm ffwtbol cyfan." Ond am bod eu hoed nhw o 11 i lawr i bedair, doedd 'na ddim ond digon i bump bob ochr. Pan oeddan nhw'n dewis y timau, fi oedd yn cael 'y ngadael allan.

Fasach chi'n meddwl wedyn mai fi fasa'r reff, ond naci. Oedd yn well gynnyn nhw Jên Tŷ Cocyn achos hi oedd yr unig un oedd yn medru wislo. Oedd gynni hi fwlch mawr yn y ffrynt ac oedd hi jyst yn chwythu trwyddo fo ac oedd o'n swnio'n union fatha wisl refferî.

Fi oedd y leinsman wedyn ond, gan mai wal yr ysgol oedd y llinell, a honno'n wal uchel a finna'n gorfod sefyll yr ochr arall iddi, welis i ddim llawar, dim ond clywad.

Ond mi ddoth hynny'n handi iawn er mwyn clywad Roy Vernon yn sgorio'n nes ymlaen.

G: Beth, felly, oedd digwyddiad mwya eich bywyd?

WT: Pan ofynnodd Dad i Mam oedd ganddi hi funud i sbario. Fel arall, faswn i ddim yma heddiw.

G: Wali Tomos, diolch yn fawr.

WT: Groeslon.

Gorffennaf 26, 1990

Un o golofnwyr cynnar Golwg *oedd John Ogwen. Un o'i golofnau mwya teimladwy oedd honno i gofio'r diddanwr Gari Williams, a fu farw'n sydyn ym mis Gorffennaf 1990.*

Wilias

Teithio i Bwllheli yr oeddan ni, Gari a minnau, i recordio *Chwedlau Jogars*. Fel yr oeddan ni yn dŵad i mewn i'r dre, dyma fo'n deud: "Stopia ar y sgwâr, dwi isho prynu crisps." Mi wnes a daeth yntau yn ôl i'r car wedi prynu hanner dwsin o fagiau. Pan ofynnais be oedd pwrpas yr holl grisps, yr unig ateb ges i oedd: "Gei di weld heno." Ac mi ges.

Fe wyddai Wilias o brofiad fod hanner dwsin o ferched yn eistedd efo'i gilydd pob tro y byddai'n recordio rhaglen radio yng Nghlwb Rygbi Pwllheli. Cofiai hefyd eu bod yn hoff o gnoi crisps yn ystod y rhaglen. Ychydig funudau cyn i'r tâp ddechrau troi fe gafwyd seremoni cyflwyno'r crisps.

Gwyddai, cofiai, enw pob un ohonyn nhw ers y tro cynt, a mawr y gwerthfawrogwyd ei gof, a'i grisps.

A dyna i mi sylfaen ei fawredd fel person ac fel diddanwr – ei gariad at bobol. Siaradodd â miloedd, ar radio ac o lwyfan, a chofiai bob un. Dyna oedd wrth wraidd llwyddiant ei raglen radio wythnosol. Doedd y rhan fwya o bobol ddim yn siarad efo dyn ar y radio, siarad efo Gari yr oeddan nhw. Siarad efo ffrind heb feddwl o gwbl fod cynulleidfa i'r sgwrs.

Mewn pantomeimiau a sioeau di-ri daeth lluoedd o blant ato, a siarad. Mae plant yn ymateb i glust sy'n gwrando, i glust sy'n dallt. Clust cariad.

Penllanw ei adnabyddiaeth o bobol oedd ei weld ar lwyfan o'u blaenau. Fe wyddai yn union pa stori i'w dweud a phryd i'w dweud hi. Pa gasgliad o storïau ac atgofion oedd fwya addas i'r gynulleidfa arbennig honno ar y noson arbennig honno. Teimlad o gynhesrwydd ac agosatrwydd a gaech wrth eistedd yn y gynulleidfa – pobol yn troi at ei gilydd ar ddiwedd stori, yn cyd-chwerthin a chyd-fwynhau.

Hiwmor dallt pobol – hiwmor cydymdeimlad oedd hiwmor Wilias. Hiwmor na ddaru erioed frifo dim, dim ond eich 'senna.

Gorffennaf 5, 1990

Cyn Irac ac Afghanistan, roedd cysgod Rhyfel y Malfinas, neu'r Falklands, yn dal i ymestyn ymhell a'r Cymry wedi diodde cymaint â neb. Fe aeth Golwg *i holi un o'r milwyr…*

Y rhyfel sy'n parhau

Ar wal stafell fyw Simon Skinner yn Abertawe mae llun o'r *Sir Galahad*. Fe gafodd y llong ei suddo ar ddiwrnod ei ben-blwydd, Mehefin 8, wyth mlynedd yn ôl. Mae hyn yn gwneud bywyd yn anodd – mae diwrnod o ddathlu'n mynd â'i feddwl yn ôl at ddiwrnod o erchyllterau.

Simon Skinner o Manselton yw un o'r milwyr sy'n dal i ddiodde o ddigwyddiadau 1982. Simon arall, Simon Weston, sy'n cael y sylw gyda'i ddewrder yn goresgyn anafiadau ofnadwy. Ond mae creithiau milwyr eraill ynghudd.

Mae Simon Skinner yn cofio'r paratoadau cyn y Falklands. Roedd ysbryd y milwyr yn uchel, neb yn achwyn. Ymarfer un rhyfel ffug ar ôl rhyfel ffug arall. Teithio ar y *QE2* a chyrraedd Ynys Ascension. Clywed eu bod yn mynd i ryfel go-iawn.

Hyd yn oed wedyn, doedd dim amheuon, a phawb yn ymarfer yn eu hamser hamdden lle'r oedden nhw'n arfer ymlacio. Wrth gyrraedd y Falklands, mae'n cofio mai ei ddymuniad oedd "datrys y broblem" – dyna pam yr oedd yno.

Ar ôl glanio yn Bluff Cove, fe ddechreuodd yr adrenalin lifo wrth i'r gatrawd symud yn ei blaen ac ennill tir. Rhofio lle i aros yn y tywydd rhewllyd, gwlyb a phawb yn falch o weithio fel tîm.

Yna, ar ddiwrnod ei ben-blwydd yn 22, fe laddwyd dwsinau o'i ffrindiau. Fe gafodd rhai eu hanafu mor ddrwg fel ei fod yn ffaelu eu nabod.

Roedd Simon Skinner ei hun yn gadael y *Sir Galahad* pan ymosododd y Skyhawks a throi'r bad yn belen o dân. Doedd dim rhybudd, dim ond sŵn sydyn yn yr awyr. Edrych i fyny a gweld amlinell y Skyhawks fel darnau o gardbord ar wyneb dŵr.

Fe ddisgynnodd i'r dec. Marw neu fyw oedd y dewis, meddai. Fe benderfynodd farw gan ymladd. Fe daniodd y dryll. Mae'n cofio'r bwledi'n mynd drwy'r awyren. Mae'n cofio gweld llygaid y peilot. Doedd e ddim yn siŵr beth i'w wneud, llefain neu ddal i danio.

Mae'r disgrifiad a'r atgof mor fyw ag erioed, fwy nag wyth mlynedd wedyn. Profiadau sydd y tu hwnt i amgyffred rhywun arall.

Wrth i'r fflamau gynyddu a'r mwg dewhau o'i gwmpas, roedd yn clywed sgrechiadau a drewdod croen yn toddi. "Roedd hynny'n ffiaidd," meddai.

Glaniodd yr hofrenyddion. Roedd llawer o ddynion eisie aros a llefain ond doedd dim amser. Yn ddiweddarach y daeth y cyfle i wneud hynny.

Y gweithredoedd arwrol sy'n aros yn y cof … y Sarjant-Mejor, Mad Pierre, wedi ei losgi'n ddifrifol ond yn gwrthod *morphine* nes gwneud yn siŵr fod pawb o'i gwmni wedi dod oddi ar y llong … Sarjant Neil Morris a orweddodd ar ben pum milwr er mwyn eu hamddiffyn.

Ar ôl y Falklands, meddai, roedd y Fyddin wedi anghofio rhai o'r arwyr. Ond doedd y milwyr ddim.

Wedi cyrraedd adre fe gafodd Simon Skinner hunllefau. Fe aeth yn fyr ei dymer ac roedd adeg ei ben-blwydd yn achosi iselder. Unwaith fe ddaeth ei rieni o hyd iddo'n cropian hyd y tŷ yn galw ar ei ffrindiau a dweud bod help ar y ffordd.

Fe ddechreuodd y problemau ledu i effeithio ar ei deulu a'i fywyd cymdeithasol. Fe briododd ei wraig gynta o fewn wythnosau i ddod yn ôl ond chwalu wnaeth y berthynas.

Roedd wedi dechrau yfed yn drwm ac fe barhaodd hynny am flynyddoedd – cymaint â dwy neu dair botel o fodca mewn dydd. "Roedd hi'n ddihangfa," meddai Simon Skinner heddiw. "Doedd dim dewis. Doedd y Fyddin ddim yn hidio dam."

Fe dalodd ei deulu iddo fynd i ganolfan alcoholiaeth ond, erbyn hynny, roedd ei briodas a'i yrfa filwrol ar ben.

Bellach, ac yntau ddim ond wedi yfed unwaith mewn dwy flynedd, mae'n credu bod y driniaeth wedi gweithio …

I Simon Skinner, yr euogrwydd yw'r gofid mwya. Y noson cyn i'r *Sir Galahad* gael ei chwalu, roedd e ar y bync ucha, Mad Pierre ar y bync isa a Guardsman [Michael] Marks, 17 oed, ar yr un canol. Dim ond Simon Skinner oroesodd.

"Weithiau," meddai, "dw i'n dymuno taw fi oedd wedi marw a chymryd lle un o'r bois."

Mae ei ail wraig, Siân, wrth ei ochr ar y soffa ac mae Ceri, ei groten, yn dechrau llefain.

Rhagfyr 12, 1991

Ar Ragfyr 2, 1991, fe gafodd Branwen Nicholas ac Alun Llwyd eu rhyddhau o'r carchar ar ôl treulio tri mis o ddedfryd am eu rhan yn yr ymgyrch tros Ddeddf Eiddo. Yn y cyfnod hwnnw, fe fuodd Branwen Nicholas yn cadw dyddiadur ac fe gafodd Golwg *hawl i gyhoeddi pytiau ohono.*

Mae rhywun yn y carchar ...

Alla i'm credu 'mod i yma. Yn y carchar, yn jêl. Ar ôl yr holl heip, yr aros a'r hongian o gwmpas, dyma fi, yn y carchar. Ar fy mhen fy hun. Yn y jêl.

Un munud dyna lle o'n i yng nghanol ffrindia a theulu a chefnogwyr a phawb yn siarad Cymraeg – munud nesa dw i jyst yng nghanol Saeson a Saesneg a CHARCHAR!

Ond o leia dw i yn Risley – dw i'n gwbod lle mae fa'ma ond mae yna sôn 'mod i'n cael fy symud i le o'r enw Drake Hall.

Drake Hall, mae'r enw'n ddigon i godi'r felan ar rywun a sgenai'm syniad yn y byd lle mae o – wrth ymyl Stafford medda rhywun. Ond lle mae Stafford? Carchar ydi carchar ble bynnag y mae o …

Medi 9, 1991

Dw i wedi cael fy rhoi yn Wyrcrwm eto yn troi sgriws (nid y swyddogion, ond y petha bychan bach maen nhw'n eu rhoi mewn plygs trydan!) i gyfeiliant Radio 1 trwy'r dydd. Dyma'r job fwya diflas yn y carchar ac mae'r amser yn mynd mor, mor ara. Mae o'n rhyfedd pa mor ara y mae amser yn mynd pan nad ydi rhywun yn cael dewis lle i fod, be mae hi'n ei wneud ac efo pwy.

Y peth am garchar ydi bod rhywun yn rhaglennu ei hun, yn union fel rhaglennu cyfrifiadur neu robot i wneud yr un peth ar yr un amser bob dydd. Toes yna ddim syndod fod merched ofn mynd o'ma – toes ganddyn nhw ddim annibyniaeth, popeth yn cael ei wneud drostyn nhw a mae o'n eu dychryn nhw go iawn bod rhaid mynd allan i'r Byd Mawr unwaith eto, a wynebu cyfrifoldebau a gwneud penderfyniadau a ballu. Dw i'n rhaglennu fy hun i gysgu hyd yn oed. Dw i'n falch 'mod i wedi gallu gwneud hynny achos dyna'r unig adeg nad ydw i ddim yn ymwybodol 'mod i yn y carchar a hefyd dyna pryd mae'r amser yn mynd gyflyma! Ond toes 'na'm byd tebyg i gwilt chwaith.

O, na … dwi wedi landio'n sgwennu pantomeim y carchar. Typical. Yr un hen stori … addo cael sgwrs, yna landio'n awdur y peth! Ac mae'r plot yn erchyll – addasiad cyfoes o Sinderela ydi o i fod, ei chwiorydd hi'n cael gwahoddiad i fynd ar *Blind Date* a hitha ddim. Ond 'na fo, waeth i fi drio gwneud rhwbath ohoni ddim …

Hogan yn dod ata i heddiw a gofyn imi ai fi oedd y Carcharor Gwleidyddol Cymraeg honedig ond, os mai fi oedd hi, pam nad ydw i'n ymddwyn fel un! Be mae hi'n ddisgwyl imi ei wneud? Canu cerdd dant, cario daffodils a bwyta glo?

Dw i'n teimlo ar goll yn llwyr weithiau. Jyst wedi cael fy nympio yn anialwch cefn gwlad Lloegr am dair wythnos ar ddeg. Sgenai'm byd yn gyffredin efo hanner y bobol yma a weithia mae o yn straen. Ydan ni byth yn cael anghofio lle ydan ni – mae yna HMP ar 'y mrwsh dannadd i ac EiiR ar fy sebon i, felly dwi'n dal yn cael f'atgoffa hyd yn oed yn y bath drwy haelioni pwy yr ydw i yma.

Tydi amser ddim yn golygu dim yn y carchar. Amser ydi rhwbath sydd ond yn digwydd i basio'r diwrnod, i basio'r wythnos, i basio'r ddedfryd. Dyna pam, hwyrach, nad oes neb bron yn gwisgo oriawr – tydi faint o'r gloch ydi hi ddim yn cyfri.

Ionawr 17, 1991

Roedd Golwg *wedi dilyn gyrfa un canwr ifanc o'i ddyddiau yn y coleg. Erbyn mis Ionawr 1991, roedd Bryn Terfel yn dechrau dod yn enwog iawn.*

Mozart, Wagner (a Man U)

Mae golwg fodlon, hamddenol ar Bryn Terfel. Dros gacen Nadolig a phaned, mae'n dweud ei fod newydd ddod o hyd i hen gasét oedd ar goll ers dyddiau ysgol. Nid Wagner, nid Verdi, ond *Queen's Greatest Hits*.

Ond mae'r awyrgylch gartrefol yng nghartre'i rieni, ffarm ym Mhantglas, rhwng Porthmadog a Chaernarfon, yn gamarweiniol. "Holides?" "Na", fel petai'n clywed y gair "holides" am y tro cynta. Gartre i gadw cyngherddau yn y gogledd y mae Bryn Terfel.

Drwodd yn yr ystafell orau, mae byddin o gwpanau a thlysau yn dyst i'r brentisiaeth eisteddfodol gynnar a gafodd y bas-bariton. Yn awr, ac yntau'n ddim ond 25 oed, mae eisoes wedi perffformio mewn tair opera broffesiynol.

Lle bu'n mynd o raglen Eisteddfod i raglen Eisteddfod, mae ei ddyfodol bellach mewn ffeil, gydag amserlen sy'n cyrraedd mor bell ag 1994 ac yn llawn enwau fel Paris, Frankfurt, Cologne, Berlin, Brwsel, Santa Fe, Fienna …

Heb fod yn y ffeil, mae'r gwahoddiadau a gafodd eu gwrthod.

Sut ydach chi'n dewis be i'w dderbyn? Fyddwch chi'n gwrthod llawer o bethau?

"Bydda. Os ydach chi'n gwneud rhywbeth sydd ddim yn eich siwtio chi, be ydi'r pwynt? Felly, mae'n rhaid i chi fod yn reit ddewisol. Yn Covent Garden, ges i gynnig gwneud opera Wagner, *The Flying Dutchman*, ond mae hwnna'n beth anhygoel i rywun 23 oed – dyna faint o'n i. Allwch chi roi deng mlynadd eto ar ben fy oed i i wneud rhan fel'na. Felly wnes i ddeud 'na' ac mi ddaethon nhw'n ôl efo cynnig arall oedd yn well i fi."

Mae rhywun yn cael y darlun yma o fyd *glam*. Beth ydi'r gwirionedd?

" … Mae o'n glamyrys o'r ochr eich bod chi'n cael mynd i wahanol wledydd. Am y pythefnos cynta, mae o'n ddiddorol; ymhen mis wedyn, mae o'n reit unig, deud y gwir. Ond mae o'n glamyrys i bobol sy'n dod i weld opera – maen nhw'n gwisgo i fyny a rhoi eu deiamonds gorau ymlaen. Ond i'r cantorion, maen nhw jyst ar y llwyfan yn gwneud y job. Dydi o ddim mor glamyrys â hynny i ni, ond dw i'n mwynhau."

Beth ydi'r mwynhad?

"Mae yna ryw wefr o wybod bod yna dros fil o gynulleidfa sy wedi dod i'ch gweld chi. Ond hanner awr cyn y perfformiad ydi'r amser gora gen i. Mae bob dim yn eich meddwl chi – be sy'n mynd i ddigwydd, ydach chi'n mynd i anghofio'ch llinellau … fedar unrhyw beth ddigwydd … Mae yna rai yn y byd opera yma sy'n gwneud ichi chwerthin ar lwyfan! Pan mae eu cefnau nhw at y gynulleidfa, mi wnân nhw wneud rhyw wyneb – tynnu tafod a gwneud ll'gada croes. Rydach chi ar ganol eich aria ac yn gweld rhyw wyneb hyll o'ch blaen …

"Dw i'n cofio noson gynta *Figaro*, mi wnaeth Suzannah [cyd-gantores] anghofio tudalen gyfan o *recitative*. Drwy ryw ffordd mi wnaethon ni ddod 'nôl ar y trac. Mae'r adrenalin yn eich helpu chi ar adegau fel'na. Yr unig beth wneith fy stopio i ydi annwyd, yn enwedig os ydi o'n annwyd ar y frest. Ond dw i wedi 'ngweld fy hun yn mynd i ganu mewn opera a'r adrenalin yn ei glirio fo'n syth …"

Faint o fywyd cymdeithasol all rhywun ei gael?

"Dim, go iawn. Wrth gwrs, ydach chi'n dod i nabod pobol sy'n canu efo chi. Ydach chi'n dod yn ffrindiau efo nhw a wedyn ydach chi'n gorfod dweud 'hwyl fawr' ac at y *venue* nesa."

Y fenyw nesa? Rhu nodweddiadol o chwerthin wrth iddo weld y jôc a'r llygaid anferth yn rowlio fel pan fydd yn canu.

Mae'r sgwrs yn troi at amser sbâr prin. At Manchester United – tîm Bryn Terfel ers pan oedd yn ddim o beth, "o George Best i fyny at Brian Robson" – ac at y dyn a wnaeth anthem bêl-droed o gân opera, Pavarotti. Peth da, yn agor drysau, meddai'r Cymro.

Oes yna ryw un lle neu ran yn apelio fwy na'r lleill?

"Heblaw La Scala, y Met yn Efrog Newydd. Cymeriad – Falstaff a Wottan yn y *Ring* gan Wagner."

Gorffennaf 4, 1991

Teyrnasu ar y cyrion

Mae yna bobol sy'n casáu ei waith a phobol eraill sy'n fodlon talu miloedd am gael un o'i luniau i'w hongian uwchben y lle tân. Gyda'r ail ran o'i hunangofiant ar fin cael ei gyhoeddi, fe fu *Golwg* yn holi Kyffin Williams, yr artist sydd ar y cyrion ac yn y canol yr un pryd.

"Dw i ddim yn gwneud y pethau y mae artist fel rheol yn eu gwneud. Dw i'n mwynhau mynd allan i hela ar y mynyddoedd, dwi'n gogydd anobeithiol, dw i ddim yn licio cathod, mae'n well gen i gŵn. Dw i'n druenus ac yn ddi-droi'n-ôl o glwm wrth gymdeithas a phobol o 'nghwmpas.

"Mae 'nheulu i ar ochr fy mam a 'nhad yn bersoniaid ac os ydech chi'n bersoniaid rydech chi o hyd yn ymwneud â phobol. Rywsut alla i ddim ymddihatru oddi wrth y cysylltiad yna efo bywyd lleol, mae o fel petai o'n rhyw fath o ddyletswydd …

"Mae yna lawer o artistiaid yn teimlo y dylen nhw gadw draw oddi wrth y byd er mwyn creu eu gwaith. Dwi'n meddwl y dylai mwy o artistiaid fod yn gysylltiedig â'r gymdeithas, y dylen nhw dderbyn mwy o gomisiynau sy'n helpu cymdeithas …

"Rydech chi'n mynd i goleg celf i ddysgu nid yn unig be allwch chi ei wneud ond hefyd be na allwch chi ddim ei wneud ac mi ddysgais i nad oeddwn i ddim yn un da efo lliwiau. Mae lliwiwr da braidd fel jyglwr da. Mae jyglwyr da'n gallu lluchio deg pêl i'r awyr ar unwaith a'u dal nhw; mae lliwiwr da'n gallu defnyddio deg lliw gwahanol a dal i greu llun hardd.

"Tra bo jyglwr sâl yn gallu handlo rhyw dair pêl, rydw innau'n gallu handlo rhyw dri gwahanol liw – du, gwyn a rhywbeth! Dw i'n nabod fy ngwendid ac mae'n rhaid i rywun wneud iawn mewn ffyrdd eraill, trwy gyfrwng teimladau a gwahanol ddyfnderoedd a phethau fel yna.

"Yn y bôn, dw i'n berson emosiynol iawn, dw i'n meddwl, ac mewn sawl ffordd yn bruddglwyfus. Mae yna elfen o dristwch yn fy lluniau i. Pan fydda i'n paentio portread o rywun dw i'n meddwl ei fod o'n aml iawn yn hunanbortread, achos mi fydda i'n rhoi tristwch yn y portread – nid yn fwriadol ond mae o fel petawn i fy hun yn mynd yn rhan o'r llun …

"Am ryw reswm, rydw i wastad wedi teimlo bod rhaid imi ddefnyddio cyllell *palette*. Fe ddechreuodd hynny efo'r lluniau o'r mynyddoedd, sy'n lympiau solet o bethau. Efallai 'mod i mewn ffordd yn eu cerflunio nhw efo 'nghyllell.

"Be sy'n ddiddorol yw bod y cyhoedd yn hoffi 'ngwaith i lle nad ydi'r byd celf yn ei hoffi … Mae yna reol anysgrifenedig yn y byd celf na ddylech chi byth ddefnyddio cyllell *palette* ond dydi'r cyhoedd ddim yn gwybod y rheol yma ac maen nhw'n prynu 'ngwaith i."

Ar ba sail yr ydech chi'n dweud nad yw'r byd celf yn hoffi eich gwaith chi?

"Does yna ddim un o'r orielau cyhoeddus yn prynu 'ngwaith i, achos dydw i ddim yn cael fy ystyried yn artist da, ond mae'r cyhoedd yn ei brynu, sy'n well o lawer …

"Tua 35 mlynedd yn ôl, mi ddywedodd un beirniad celf wrtha i eu bod nhw i gyd yn cwrdd er mwyn cytuno pwy oedd yn artistiaid da a phwy oedd yn artistiaid sâl, rhag iddyn nhw wrthddweud ei gilydd. Mi ofynnais iddo be oeddwn i. Mi atebodd, 'O, artist sâl ydech chi. Chewch chi ddim adolygiad am 30 mlynedd, alla i ddweud hynny wrthoch chi.' Doeddwn i ddim yn ei goelio, ond roedd o'n iawn. Dydw i ddim wedi cael adolygiad yn y wasg genedlaethol ers 35 mlynedd, er 'mod i wedi cael digon o arddangosfeydd yn Llundain. A dydi o'n gwneud dim gwahaniaeth o gwbl – mae adolygiadau'n ddiwerth."

Dydi eich gwaith chi ddim fel petai o wedi newid rhyw lawer dros y blynyddoedd.

"Dydi o ddim wedi newid, a pham y dylai o? Yr unig reswm dros newid ydi er mwyn dod yn well. Mae cymaint o artistiaid yn ffyliaid llwyr, yn meddwl, 'O, haniaethol ydi'r ffasiwn – well imi fynd yn haniaethol.' Mae hyn yn golygu nad oes yna ddim byd mewn gwirionedd y maen nhw ar dân i'w baentio. Wnes i erioed feddwl am baentio unrhyw beth arall heblaw'r tir a'r bobol ar y tir."

Y canwr roc – Brychan Llŷr, canwr Jess, a mab i golofnydd *Golwg*, Dic Jones.

Llun: Aled Jenkins

Y bardd coll – Cadair Ddu Hedd Wyn yn yr Ysgwrn, adeg y ffilm amdano.

Llun: Peter Telfer

Mai 14, 1992

Sawl tro, fe gafodd Golwg *y fraint o siarad gyda'r ffotograffydd Philip Jones Griffiths a chyhoeddi rhai o'i luniau. Adeg arddangosfa o'i waith ym mis Mai 1992, fe fu'n egluro sut yr oedd ei gefndir yn Rhuddlan wedi dylanwadu ar ei waith, ei olwg ar y byd a'i luniau enwog o Ryfel Vietnam.*

Cymro, camera a rhyfel

"Pan es i yna, ro'n i'n naïf iawn, yn credu y byddwn i allan o fewn chwe mis. Pan gyrhaeddais i yno, mi ffeindiais i ei fod yn llawer mwy nag y gallwn fod wedi dychmygu … Dydw i ddim erioed wedi bod yn un o'r rheiny sy'n credu fod ffotograff yn bwysig ynddo fo'i hun. Cerbyd ydi o – rhywbeth sy'n trio dweud rhywbeth a, gobeithio, sydd am newid rhywbeth.

"Pan es i i Vietnam, mi es i yno i drio ffeindio beth oedd yn digwydd. Chymerodd hi ddim llawer o amser imi gymryd ochrau. Ar ôl hynny, roeddwn i eisiau cyflwyno fy marn. Mae pobol yn aml yn gofyn sut y gallwch chi wneud lluniau 'artistig' o ryfel. Wel, fedrwn i ddim cam-greu llun yn fwriadol, ddim mwy nag y gallwn i'n fwriadol gamosod rhes o dair hwyaden ar wal …

"Fedrech chi ddim cael eich magu mewn pentre Cymraeg heb gael argyhoeddiadau moesol am bethau. Mae rhywun yn mynd trwy fywyd yn chwilio am anghyfiawnder, neu o leia yn bod yn ymwybodol ohono. Mi fydda i'n gweld Americaniaid yn crwydro trwy fywyd a'r rhan yna o'u brên wedi ei ddiffodd yn llwyr.

"Dyna sy'n fy nghyffroi i – y ffordd y mae yna ymrafael parhaol rhwng un grŵp sy'n trio sathru ar grŵp arall neu'n trio llyncu grŵp arall. Roedd hynny'n amlwg iawn yn New Guinea … Mae'r cenhadon yn gofyn i ferched o America anfon eu hen *brassieres* iddyn nhw (am fod merched lleol yn 'aflednais' gyda bronnau noeth). Mae'r rhain yn cyrraedd wedyn mewn niferoedd mawr; llwythi anferth ohonyn nhw. Yna maen nhw'n mynd â'r lorri i'r farchnad ac yn rhannu'r *bras* yma i'r holl wragedd lleol. Mewn ffordd, mae'n ddoniol iawn. Mae'r merched yn aml yn eu defnyddio i gario melons."

Hydref 10, 1991

Yn hydref 1991, roedd yna sôn am chwaraewr disglair newydd.

Gwell na Best?

Yn hollol sydyn, fyddai colli Ian Rush neu Dean Saunders ddim yn ymddangos cynddrwg â hynny – mae chwaraewr ar y gorwel sy'n addo bod yn well na'r un o'r ddau. Yn ôl arbenigwyr sydd wedi bod yn ei wylio, mae Ryan Giggs yr un mor addawol â George Best, gydag un fantais ychwanegol – mae'n gallach.

Ar hyn o bryd, mae'r llanc 17 oed, a gafodd ei eni yng Nghaerdydd a'i fagu ym Manceinion, yn dilyn ôl troed y dalent fawr o Ogledd Iwerddon; mae wedi cyrraedd tîm cynta Man U cyn cyrraedd ei ben-blwydd yn ddeunaw, wrth i'r Red Devils unwaith eto arwain Adran Gynta prif gynghrair Lloegr.

"Cymharu hwn â George Best? Heb os nac oni bai," meddai Huw Roberts, y sgowt Cymreig a ddaeth o hyd i Mark Hughes a rhes hir o chwaraewyr ifanc addawol. "Ond wneith hwn ddim colli'i ben. Mae o'n dalent arbennig."

Y dasg yn awr yw nyrsio'r dalent. Mae Alex Ferguson, Rheolwr United, wedi bod yn ofalus i beidio â chwarae'r blaenwr ifanc yn rhy aml ac mae'n amlwg fod Rheolwr Cymru, Terry Yorath, er yn cydnabod ei dalent, yn credu bod rhaid iddo galedu a chryfhau rhywfaint cyn wynebu'r math o gêm sydd gan Gymru yn erbyn yr Almaen nos Fercher.

"Hogyn ysgol ydi o o hyd," meddai Huw Roberts. "Os ydach chi'n chwarae mewn pencampwriaeth fel hon, mae'n gêm filain, coeliwch chi fi. Mae rhai o'r timau *continental* ar filoedd o *bonus* a fyddai hi ddim ots gynnyn nhw am hogyn 17 oed."

Yng ngeiriau Alex Ferguson: "Mae'n chwaraewr cyfforddus ofnadwy sy'n rhoi treiddgarwch i'n tîm ni. Mae ganddo rinwedd hollbwysig, balans. Dyna'r rhan ola bob tro yng ngwneuthuriad chwaraewr gwych."

Rhagfyr 17, 1989

Ar hyd yr 80au roedd carfan – neu garfanau – o'r enw Meibion Glyndŵr wedi bod yn llosgi tai haf ac wedyn yn ymosod ar swyddfeydd gwerthu tai. Erbyn diwedd y ddegawd, roedd yr heddlu'n cael eu beirniadu am fethu â'u dal.

"Gawn ni nhw'n diwadd"?

Rhywle yng nghrombil adeilad Heddlu Gogledd Cymru ym Mae Colwyn mae yna gyfrifiadur gyda'r holl fanylion am bob un o ymosodiadau Meibion Glyndŵr.

Yn ei swyddfa, sy'n edrych draw at yr hen briffordd trwy Fae Colwyn, mae Gwyn Williams yn mynnu bod ganddyn nhw bentwr anferth o wybodaeth am y bobol sydd wrthi. Ond dydi o ddim yn gallu'u dal.

Mae'n dweud hefyd ei fod yn deall pam fod pobol yn gwneud hwyl ac yn methu credu bod y llosgwyr yn dal yn rhydd: "Dydi o ddim yn ymholiad hawdd," meddai, gyda'r math o gynildeb sydd wedi gwneud ffortiwn i ambell gomidian.

Dros y blynyddoedd, fe ddaeth i'w parchu mewn un ffordd: "I raddau, mae lwc wedi bod o'u hochr nhw; ar yr ochr arall, tydyn nhw ddim yn ffyliaid."

Pam nad ydi'r heddlu wedi llwyddo i'w dal nhw? "Cwestiwn da. Mae rhywun yn gorfod dweud ein bod ni'n siomedig." Cynildeb rhyfeddol eto.

Ond dyw Gwyn Williams ddim yn jocian. Mae bellach yn teimlo, meddai, mai bwriad Meibion Glyndŵr yw lladd. Unrhyw un sydd yn Sais ac mewn unrhyw fath o fusnes yn ymwneud â gwerthu tai neu dwristiaeth, meddai, mi ddylen nhw wylio. Nhw yw'r targed.

O'r holl wybodaeth sydd wedi'i chasglu, mae wedi adeiladu rhyw fath o broffeil o'r bobol y mae o'n meddwl sydd wrthi. Dyma, yn ôl Gwyn Williams, yw Meibion Glyndŵr.

Maen nhw'n garfan fechan, glòs sydd, efallai, wedi ei rhannu'n grwpiau llai. Dydi o ddim yn gwybod ai'r un rhai sydd wrthi yn awr ag oedd ar y dechrau.

"Dw i'n edrach amdan rhywun sydd rhwng deunaw neu ugain oed i fyny i'r 30au. Dw i'n hollol sicr fod yr ateb yng Nghymru. Dw i'n tueddu i gredu ei fod o yn yr ardaloedd Cymraeg."

Does dim un patrwm, ond mae patrymau. Mae'r rhan fwya o'r digwyddiadau wedi bod yng Ngwynedd a'r triongl rhwng yr hen Sir Benfro, Ceredigion a Chaerfyrddin. Mae'r llythyrau'n cael eu sgrifennu mewn Cymraeg gweddol dda.

Mae'r ymosodiadau'n digwydd yng Nghymru yn ystod yr wythnos ac yn Lloegr dros y Sul. Yno, maen nhw wedi dilyn Clawdd Offa fwy neu lai, gydag ambell gyrch yn Llundain.

Mae'r dyfeisiadau yn cael eu gosod rhwng 6.30 a 9.30 gyda'r nos – "deg fan hwyra" – ac maen nhw'n cael eu gosod pan fydd pobol yn dal o gwmpas.

Cemegau sydd ynddyn nhw gyda dyfais amseru.

Yr un peth y mae'n hollol sicr yn ei gylch, meddai, yw fod rhywun yn rhywle yn cuddio gwybodaeth ac yn amddiffyn y rhai sydd wrthi.

Ef yw'r gŵr a drefnodd yn y pen draw fod dyfais bygio yn cael ei gosod dan gar ym Mhen-y-groes ac mae'n gwadu bod cyrch Sul y Blodau [pan gafodd tua 30 o bobol eu harestio ar gam yn 1980] wedi bod yn gamgymeriad. Mae'n gwadu'n gryfach fyth honiad un cyn-uchel swyddog nad yw'r heddlu ddim nes at y lan yn awr nag yr oedden nhw ddeng mlynedd yn ôl.

"Mae'n rhaid ei fod wedi riteirio ers amser mawr," meddai. "Rydan ni wedi tynnu lot o wybodaeth at ei gilydd ond ar ddiwedd y dydd mae'n rhaid inni gael tystiolaeth cyn y galla i symud ymlaen.

"Beth sydd yn od ynglŷn â'r peth … y ffaith ein bod yn gwybod eu bod nhw'n postio'r pethau gyda'r nos … ond dw i'n rhyfeddu nad oes neb wedi gweld rhywun yn ei wneud o."

Chwefror 4, 1993

Ddechrau 1993, cafodd Sion Aubrey Roberts ei garcharu am gynllwynio i achosi ffrwydradau – yn rhan honedig o ymgyrch losgi Meibion Glyndŵr. Fe gafwyd Dewi Prysor Williams a David Gareth 'Stwmp' Davies yn ddieuog. Ond roedd yr achos yn drawiadol am fod cynifer o swyddogion MI5 yn rhan o'r ymchwiliad ac yn y llys ei hun.

Drama'r Tri, yr Heddlu ac MI5

Y peth cynta i'ch taro chi oedd y sgrîn. Darnau o bren a chynfas wedi'u hoelio at ei gilydd a'u gosod dros ran o'r llys, yn union fel *awning* siop.

I'r bobol gyffredin yn yr oriel uwchben, roedd y *verandah* tros dro yn cuddio'r 'Tri' ac, yn bwysicach fyth, yn cuddio'r rhes o swyddogion MI5 a ddaeth yno i roi tystiolaeth.

Am ddyddiau, fe fu'r wasg a'r werin yn gwrando ar leisiau Saesneg diwyneb yn codi o gornel anweledig o'r stafell fawr yn disgrifio gweithrediadau adran fwya dirgel y Llywodraeth.

Beth bynnag fydd canlyniad yr achos, fe fydd ganddo ei gornel fechan yn hanes y gwasanaethau cudd: yn anaml iawn y byddan nhw'n rhoi tystiolaeth mewn llys agored ac mae'n digwydd ar adeg pan mae mwy o drafod nag ers blynyddoedd am ddyletswyddau MI5.

Ar y gorau, mae achos llys yn ddrama. Mae eistedd yn yr oriel yn cryfhau'r teimlad hwnnw, wrth weld y swyddogion, y cyfreithwyr a'r bargyfreithwyr yn chwarae'u rhan oddi tanoch. Ond fod hon yn ddrama go iawn.

Petai angen dysgu plentyn am yr wyddor, fe fyddai'r Goron v Roberts, Davies a Williams yn gyfle arbennig o dda. Eisoes, fe gafwyd chwech swyddog MI5 yn cuddio'u henwau y tu ôl i lythrennau.

"Mr A to F inclusive," fel y dywedodd Nigel Mylne [bargyfreithiwr yr erlyniad] un tro wrth drio sortio allan pwy'n union oedd wedi gwneud beth. Mae'r llythrennau a'r lleisiau diberson yn rhoi teimlad afreal i'r ddrama.

Fe fu pedwar ymweliad â'r fflat i gyd [fflat Sion Aubrey Roberts, lle'r oedd y ffrwydron honedig yn cael eu gwneud]. Un ar Dachwedd 8, 1991, i edrych dros y lle; un arall ar Dachwedd 9 i osod offer clustfeinio; gan na chafwyd dim llawer o wybodaeth drwy hwnnw, fe aeth swyddogion

MI5 yn ôl ar Dachwedd 20 i godi'r hen *bug* a chwilio am le i osod un tymor hir.

Ar Ragfyr 5 y buodd y cyrch mwya. Bryd hynny, fe aeth dau swyddog MI5 i mewn tra oedd chwech yn cadw llygad ar Sion Aubrey Roberts ac un yn cydgysylltu. Dyna Mr F.

I'r erlyniad mae'r cyfan yn creu patrwm o dystiolaeth sy'n profi euogrwydd; pwynt yr amddiffyniad fwy nag unwaith yw fod MI5 neu'r Special Branch, neu'r ddau, wedi gosod tystiolaeth ffug.

Y prif dyst ddydd Iau diwetha oedd y Ditectif Gwnstabl Alan Wyn Roberts o Special Branch Heddlu'r Gogledd. Ar ôl iddo ef ddechrau tystio, fe gafodd y sgrîn gynfas ei datgymalu.

Am y tro cynta ers dyddiau lawer, roedd hi'n bosib gweld y tri diffynnydd, yn eistedd yn union o dan yr oriel. Mae'r tri mewn siwtiau taclus – Dewi Prysor Williams ar y chwith, Gareth Davies yn fychan a mwstashiog yn y canol a Sion Aubrey Roberts ar y dde.

Wrth edrych ar aelodau'r rheithgor, mae'n anodd peidio â chwarae'r gêm lys draddodiadol o feddwl pwy ydyn nhw. Beth yw eu bywydau go iawn, ble maen nhw'n byw, sut ŵr, sut wraig, sut blant?

Does fawr ddim cliwiau o edrych ar y rhain – chwe gwraig, chwe dyn. Y rhan fwya'n gymharol ifanc – mae un dyn canol oed tua chanol y rhes flaen, un dyn â barf a sbectol, un dyn â mwstash. Fel y dylai rheithgor fod, maen nhw'n edrych fel pobol gyffredin.

Mae'n anodd osgoi'r demtasiwn o feddwl beth sy'n mynd trwy'u meddyliau wrth estyn ambell ddogfen, neu edrych ar un o'r ffotograffau sy'n cael eu gosod o'u blaen.

Mae theatr yn troi'n stadiwm Rufeinig. Fel y gwylwyr yno, yn nwylo'r 12 yma y bydd y penderfyniad.

Chwefror 9, 1989

MUMPH A'R GWASANAETH IECHYD

*Cymerwch ddwy asprin a dowch yn ôl
yn y flwyddyn ariannol newydd*

golwg ar bum mlynedd
1993–98

Y prif ddigwyddiadau

Dyma un o'r cyfnodau pwysicaf erioed yn hanes gwleidyddol Cymru. Wrth i 18 mlynedd o lywodraeth Dorïaidd orffen, fe aildaniodd datganoli gan roi buddugoliaeth fain i'r ymgyrch 'Ie' yn Refferendwm 1997.

Roedd hynny yng nghanol galar cyhoeddus rhyfedd ar ôl y Dywysoges Diana ac yn dilyn cyfnod o Ysgrifenyddion Ceidwadol tramor i Gymru, gan gynnwys y 'Fwlcan' John Redwood a'r darpar Ysgrifennydd Tramor, William Hague.

Mae effeithiau'r diwygio ar gynghorau wedi cyfrannu at argyfwng mewn llywodraeth leol erbyn 2013 ond wnaeth 'cŵl Cymru' – gyda'i fandiau Cymraeg-yn-Saesneg a'r gred yn niwedd brwydr yr iaith – ddim parhau cyhyd.

Wrth i dancer olew'r *Sea Empress* gael ei dryllio ger glannau Sir Benfro, fe welodd Cymru ei henghraifft gyntaf o 'eco-filwr' mewn protest yn erbyn glo brig ger Cwm-twrch.

Roedd yna ffraeo mawr – tros gynllun Tŷ Opera i Gymru, tros benderfyniad yr Eglwys yng Nghymru i ordeinio merched a thros gael bar yn yr Eisteddfod Genedlaethol. Roedd pryder am glefydau acronymaidd newydd – fel un y gwartheg gwallgo, BSE, a'r fersiwn dynol, CJD.

Fe newidiodd *Golwg* ei faint ac fe gafodd cyfranwyr i'r cylchgrawn ddwy wobr Newyddiadurwyr Cymreig y flwyddyn, gan gynnwys y ffotograffydd Jeff Morgan.

GOLWG

CYFROL ... 1994 - BOB DYDD IAU 75C

GWILYM PRICHARD
Lluniau lliw yr artist

ANEURIN BEVAN
Cofiant newydd Dai Smith

REIAT BECA
Cyflwynydd

dim TAFOD
- slot hwyr S4C i bobol ifanc

CYHOEDDIAD WYTHNOSOL Y TRWYTOYN

BT

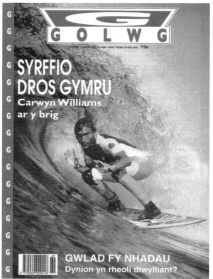

GOLWG

CYFROL ... RHIF ... 14 MAI 1994 - BOB DYDD IAU 75C

SYRFFIO DROS GYMRU
Carwyn Williams ar y brig

GWLAD FY NHADAU
Dynion yn rheoli diwylliant?

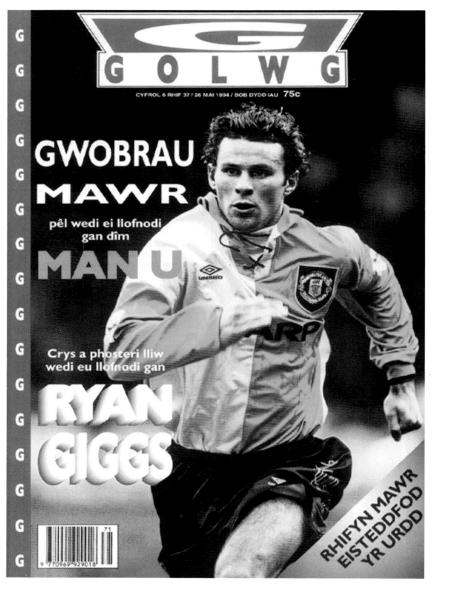

GOLWG

CYFROL 6 RHIF 37 / 26 MAI 1994 / BOB DYDD IAU 75c

GWOBRAU MAWR
pêl wedi ei llofnodi gan dîm
MAN U

Crys a phosteri lliw wedi eu llofnodi gan

RYAN GIGGS

RHIFYN MAWR EISTEDDFOD YR URDD

GOLWG

CYFROL 10 RHIF 4 Medi 25 1997 95c BOB DYDD IAU

IE – LAW YN LLAW!

Pennod newydd yn ein hanes

ISSN 0969-9295

 **hefyd**

Dyddiau da? Bywyd coleg ddoe a heddiw

GOLWG

CYFROL 9 RHIF 21 8 CHWEFROR 1996 95c BOB DYDD IAU

Y SÊR YN DEWIS EU HARWYR NHW

HILIAETH A'R CYMRY CYMRAEG

GWOBR FAWR
GWYLIAU YN LLANGRANNOG

Jonesy

ARWR Y WERIN

GOLWG

CYFROL 9 RHIF 28 27 MAWRTH 1997 95c BOB DYDD IAU

EDRYCH I'R DYFNDER DU
Ffilm a hunllefau rhyfel

AUF WEIDERSEHEN CARIAD
JCBs tros y byd

gair golygydd
huw prys jones
Mawrth 1996 – Mai 1999

Roedd Cymru a'r byd cyhoeddi ar drothwy cyfnod o newidiadau mawr a theimlad fod datblygiadau cyffrous ar y gorwel wrth i flynyddoedd maith o lywodraeth Dorïaidd ddirwyn i ben.

O ran atgofion personol – y cyfle i gyfarfod a chyfweld gwahanol bobol ddiddorol ar hyd a lled Cymru; y fraint o ddod i adnabod cyn-lywydd Plaid Cymru, Gwynfor Evans, a gwerthfawrogi mawredd cymeriad nad yw i'w weld mewn unrhyw wleidydd bellach; ymweld â glofa gydweithredol y Tŵr i holi'r rheolwr Tyrone O'Sullivan; teithio i ynys Sgomer i holi cadwraethwyr am glirio llanast tancer olew'r *Sea Empress*; cyfarfod cymeriadau mor amrywiol â'r ffotograffydd David Hurn o ddyffryn Gwy a'r bridiwr ieir ffraeth o Lanwnnen, Picton Jones.

Er fod *Golwg* yn defnyddio'r dechnoleg ddiweddaraf oedd ar gael, dim ond dechrau yr oedd technoleg ar-lein. Mae'n sicr fod fy olynwyr yn falch nad oes rhaid iddyn nhw ddisgwyl yn bryderus i weld a oes llun wedi cyrraedd yn y post neu neges wedi cyrraedd pen ei thaith.

Ychydig a feddyliais y byddwn, flynyddoedd wedyn, yn gweithio'n achlysurol ar wasanaeth newyddion Golwg 360. Ac wrth weld y gwasanaeth hwnnw'n datblygu, mae'n mynd yn llai a llai credadwy mai papur dyddiol papur-ac-inc fyddai'r ateb i ofynion darllenwyr Cymraeg yr 21ain ganrif.

Tachwedd 18, 1993

Carchar am oes

Mae 'Gwen' (enw gwneud) yn Gymraes Gymraeg sy'n byw mewn pentre ym Mhen Llŷn. Ddwy flynedd yn ôl, union fis ar ôl cael ei phen-blwydd yn 18, fe gafodd ei threisio gerllaw ei chartre.

A hithau heb arian, mi benderfynodd Gwen gerdded adre ar ôl noson efo'i ffrindiau ar hyd lôn wledig, gyfarwydd. Daeth car gwyn heibio a thri hogyn lleol ynddo. Mi gafodd gynnig lifft. Na, dim diolch.

"Mi fasa hi'n saffach iti gael lifft efo ni na cherdded adra," meddai un, chwerthin a chau'r ffenest. Gyrrodd y car i ffwrdd; ymhen ychydig mi ddaeth yn ei ôl a gyrru heibio. Aeth hithau yn ei blaen.

Mi glywodd gar arall yn dod ac aeth i guddio mewn cae. Pasiodd hwnnw. Distawrwydd. Mi gerddodd ymlaen. Un troad arall, ychydig gannoedd o lathenni eto ac mi fyddai adre …

Yn sydyn, neidiodd dyn o'r gwrych, rhoi ei fraich am ei gwddw a'i llusgo drwy'r clawdd, trwy goediach a mieri, trwy'r ffos a'i gwthio i ganol y drain. Roedd yn adnabod y llais: yr hogyn o'r car gwyn.

"Roedd o'n gwisgo mwgwd – wedi lapio rhywbeth gwyn am ei wyneb. Yr unig beth o'n i'n medru'i weld oedd ei lygaid o. O'n i'n sgrechian, yn cwffio, a dyma fo'n gafael yn fy ngwddw. Roedd o'n gwybod yn union lle i afael; fedrwn i ddim cael fy ngwynt na dim. Mi ddywedodd wrtha i stopio sgrechian neu mi fasa yn fy lladd i. Wedyn, dweud wrtha i gau fy llygaid; mi dynnodd y masg a'i roi o dros fy ngwynab i.

"Mae'n rhyfedd y pethau sy'n mynd drwy'ch meddwl chi: dyma ni, rŵan, am ffordd i fynd! Dim digniti o gwbl yn y peth."

Mi aeth y dyn ar ôl gwisgo'i fwgwd eto ac, ar ôl amser, dyma Gwen hithau'n codi a rhedeg am adre. Roedd ei mam yn gwybod yn syth beth oedd wedi digwydd, gan fod ei dillad bob sut amdani, ei chorff yn grafiadau a rhwygiadau o'r drain a'r brigau a dim am ei thraed.

Dyma ffonio'r heddlu, ei rhwystro rhag mynd

i'r bath. Casglu'r dillad yr oedd wedi eu tynnu a'u rhoi mewn bag …

O'r diwedd, mi ddaeth diwrnod cynta'r achos ym mis Mawrth 1992.

"Mi aethon yno ar y dydd Llun. Aros. Ac aros. Eistedd yno drwy'r dydd … gorfod disgwyl am ddau ddiwrnod cyfan yn y cyntedd, roedd o'n ddigon i'ch gwneud chi'n sâl. Ro'n i'n meddwl, 'Pa hawl sydd gynno fo eto i wneud hyn?' …

"Dydd Mercher oedd rhaid imi fynd i roi'r dystiolaeth. O'n i'n gorfod dweud bob dim a fedrwn i ddim meddwl. O'n i'n sbïo dros bawb ac yn meddwl, 'O *God*, helpwch'. O'n i wedi gwylltio bod yn rhaid imi ddweud pethau oedd mor blaen, disgrifio pob dim oedd o wedi'i wneud i mi, a hynny wrth bobol nad o'n i'n eu nabod o gwbl. Dieithriaid. A phawb yn edrych yn *hostile*, fel tasach chi'n faw. Chi sydd ar brawf. Chi sy'n gorfod profi, nid y fo."

Dim ond yn ystod yr achos y cafodd hi glywed bod y treisiwr wedi gofyn i rywun arall ei lladd a bod yr heddlu wedi bod yn gwylio'r teulu ers chwech wythnos.

Yn groes i'r disgwyl, roedd y rheithgor allan am bump awr a'r Barnwr wedi gorfod dweud y byddai'n derbyn barn mwyafrif o ddeg i ddau. Ymhen eiliadau ar ôl hynny roedden nhw'n ôl a'r treisiwr wedi'i gael yn euog …

"Wnaeth o gymryd lot i mi godi'n hun yn ôl i fyny. Nid 'mod i wedi anghofio – wnewch chi byth ei anghofio fo. Mae yna lot o deimladau sydd mor ddwfn tu mewn i chi, na fedrwch chi mo'u henwi nhw. Mae o fel profedigaeth, achos ydach chi'n colli pob dim ydach chi'n sefyll drosto fo fel person …

"Ond mae'n rhaid imi wneud rhywbeth efo 'mywyd – dwi ddim am fod yn *victim* am weddill fy oes, o'i achos o."

Tachwedd 3, 1994

Y pentre bregus

Dr Patrick Thomas yw Rheithor Brechfa yng ngogledd yr hen Sir Gaerfyrddin. Ac yntau'n aelod o Fwrdd yr Iaith, mae wedi dysgu Cymraeg ac yn treulio llawer o'i amser yn ceisio dod â phobol leol a newydd-ddyfodiaid at ei gilydd. Dyma rai o'i deimladau cymysg.

'Bregusrwydd' yw'r gair sy'n dod i'm meddwl o hyd wrth geisio dyfalu beth yw dyfodol ardal sydd wedi bod yn gartre i mi a'm teulu ers 10 mlynedd bellach.

Mae'r cyfan yn fregus: y Gymraeg a'r diwylliant arbennig sydd ynghlwm â hi yn ogystal â'r sefydliadau sy'n ganolfannau traddodiadol i'r bywyd gwledig – yr ysgol, y swyddfa bost/siop, y dafarn, y capel a'r eglwys. Felly hefyd ragolygon amaethyddiaeth a choedwigaeth, y ddau ddiwydiant sy'n sylfaen i economi'r fro. Ac wrth gwrs, mae sawl ardal arall yng nghefn gwlad Cymru yn debyg i'n hardal ni …

Nid oes un gwas fferm ar ôl yn y tri phlwyf sydd dan fy ngofal i lle roedd degau hyd yn gymharol ddiweddar. Dim ond un ysgol sydd, lle roedd pedair gynt, ac, o'r pedwar gweinidog a thri offeiriad a fu unwaith yn y plwyfi, dim ond 'ffeirad Brechfa sydd ar ôl. Aeth y goedwig â llawer o'r hen dyddynnod – "Fforest lle bu ffermydd", chwedl Gwenallt.

Wrth i hen batrymau'r gymdeithas ddadfeilio fe ddaeth newidiadau eraill – pobol ifanc yn symud i ffwrdd i chwilio am swyddi neu addysg uwch. Rhywbeth gweddol newydd (yn ein hardal ni, ta beth) oedd mewnlifiad y rhai sydd am ddianc o'r dinasoedd a'r trefi. Cymuned glòs iawn oedd y gymdeithas wledig ar un adeg ond y dyddiau hyn mae llawer o Gymry cefn gwlad yn sôn am bentrefi sydd "wedi mynd yn ddiarth".

Lle oedd un diwylliant gynt y mae bellach sawl isddiwylliant: y ffermwr ar y mynydd, y Brymi yn y byngalo a'r hipi yn y pant – ac y mae gan bob un o'r isddiwylliannau hyn ei ffordd arbennig o weld y byd.

Dysgu sut i ddod yn rhan o ddaearyddiaeth y cylch – magu gwreiddiau – yw un o'r gwersi pwysica i newydd-ddyfodiaid i'n bro. Er mwyn

43

llwyddo, mae'n rhaid hefyd dysgu sut i barchu pobol, iaith, hanes a thraddodiadau'r ardal – oherwydd dim ond wrth barchu eraill y mae rhywun yn ennill parch ei hun.

Fe fyddai colli'r Gymraeg o'r ardal fach hon yn golygu colli diwylliant cyfan: hanes a llenyddiaeth a gwerthoedd gwâr – pethau sydd yn rhan mor bwysig o amgylchedd y fro â'r tirlun prydferth o'n cwmpas. Pethau hefyd sy'n medru ein galluogi i gwestiynu llawer o flaenoriaethau'r diwylliant Eingl-Americanaidd sy'n llyncu pob diwylliant arall yn ara bach.

Ond dim ond dau deulu Cymraeg sydd ar ôl ymhlith trigolion Gwernogle wrth droed mynydd Llanfihangel Rhos-y-corn – ac nid oes un Cymro Cymraeg yn Llidiadnenog, y pentre bach ar ben y mynydd hwnnw. Daw rhyw 80% o blant Ysgol Gynradd Brechfa o gartrefi di-Gymraeg.

Mae'n anodd tu hwnt dyfalu sut le fydd Brechfa ymhen 20 neu hyd yn oed 10 mlynedd. Ar hyn o bryd, Cymry sy'n rhedeg Bryn Stores (siop a Swyddfa Bost Brechfa) – cymorth mawr i gadw Cymreictod y pentre – ac mae naws Gymreigaidd y Fforest Arms yn dal yn gadarn. Ond mae profiad pentrefi cyfagos yn dangos sut y gall tafarn a swyddfa bost droi'n Saesneg a Seisnig dan reolwyr newydd.

Y pryder mawr arall yw'r posibilrwydd y daw ton newydd o fewnfudwyr wrth i economi de-ddwyrain Lloegr gryfhau. Mae'r gymuned yn medru ymdopi â rhywfaint o fewnfudo ond fe allai gormod o bobol ddŵad ar yr un pryd fod yn ergyd farwol.

Mi fyddai tranc yr iaith yn y fan honno yn gyfystyr â thranc y gymuned ei hun i bob pwrpas. A heb gymunedau naturiol Cymraeg fel Brechfa, beth ddaw o'r iaith yn y pen draw? Rhyw docyn cinio i bobol freintiedig maestrefi'r dinasoedd mawrion fydd hi – iaith arwynebol heb y gwreiddiau dwfn sy'n sugno bywyd go iawn o bridd y gorffennol er mwyn cyfoethogi diwylliant y dyfodol.

Mai 9, 1996

Roedd portreadau cynnar Golwg *yn finiog a phlaen; tros y blynyddoedd, fe ddaethon nhw'n fwy o ddarluniau o bobol – ac weithiau o ffordd o fyw.*

Dai bach y crydd

"Mae'n well gwisgo bant na rhwdu bant." Mae'n amlwg ei fod wedi dweud y frawddeg yna ddwsinau o weithiau ond, o leia, mae'n byw ei bregeth.

Yn nes ymlaen y mis hwn, fe fydd Dai Bach y Crydd yn 90 oed ac mae'n gobeithio y bydd yn ôl yn y gweithdy ble y buodd e'n trin y lledr a'r hoelion ers canol yr 1930au, yn stafell ffrynt y tŷ ble mae'n byw ers 1910. Ym Maerdy y mae hynny, ym mhen ucha Cwm Rhondda, tros y mynydd o Aberdâr. Mae Dai Hopkins wedi gweld hanes cyfan y pentre hwnnw, yn ôl o broblemau'r presennol, trwy ffyniant a dirwasgiad, i'r dyddiau cynnar pan oedd mwyafrif llethol y bobol yn siarad Cymraeg a'r pentre'n tyfu.

"Oedd y tai i gyd yn dod yn newydd, ddeg ar y tro," meddai'r pwtyn bychan gewynnog. "Oedd e'n lle bach parchus iawn a phawb yn adnabod pawb." Ac mae'n rhestru enwau'r capeli a'r eglwysi a oedd yn arfer bod rhyngddo a chanol y pentre … yn arfer bod …

Yn ddigon naturiol i ddyn o'i oed, mae'n teimlo hiraeth am y dyddiau hynny ac yn gweld pethau ar i lawr. Fe aeth y rhan fwya o'r capeli a'r Working Men's Hall, fe gaeodd y pedwar pwll lleol ac mae'r plant yn llawer llai parchus.

Ond, yn ei weithdy ef, fe arhosodd amser yn llonydd. O'i flaen, mae'r hen fainc bren ac ôl naddiadau'r blynyddoedd wedi'i phantio. Mae yntau'n eistedd yn gefnsyth wrthi ar gadair fach a phentyrrau plith draphlith o wadnau a phatrymau esgidiau o'i flaen.

Ar ochr arall y stafell, mae hen, hen beiriant gwnïo a bylb yn hongian ar wifren. Hyd y waliau, mae'r posteri a'r hysbysebion sy'n atgoffa dyn am y dyddiau pan oedd siop crydd yn ganolfan gymdeithasol.

Tystysgrif yr Incorporated National Federation of the Boot Trades Association wedi melynu dan wydr wrth ochr hen amserlen y bysus coch a gwyn. Poster i godi arian at gartre'r hen lowyr ym Mhorthcawl. Yma ac acw, posteri eraill yn sôn am werth lledr da.

Yn 1920 y dechreuodd weithio, yn brentis i'r

crydd lleol. Dechrau ar 9/- [45c] yr wythnos, gan godi i 19/6 [97½c] erbyn diwedd ei bum mlynedd. Ac yntau wedi cael polio yn blentyn, doedd y pwll ddim yn ddewis iddo. Mae'n dweud yn falch nad yw erioed wedi pwyso mwy na saith stôn a hanner.

Fe ddechreuodd ei fusnes ei hun ar ganol un o'r cyfnodau mwya anodd yn hanes Maerdy, pan oedd y Dirwasgiad yn brasgamu trwy'r Rhondda gan lusgo tlodi o'i ôl a gyrru'r bobol ifanc o'i flaen i chwilio am fywyd newydd, fel arfer rhywle yn Lloegr.

"Dim ond gwŷr y siopau, yr athrawon a'r gweinidogion oedd yn gwitho bryd hynny," meddai. "Roeddwn i'n cywiro sgidiau ac yn gorfod cael fy nhalu swllt yr wythnos hon a swllt yr wythnos wedyn. Ond o'n i'n gwybod fod pobol yn onest."

Bryd hynny y cafodd Maerdy ei alw'n Moscow Bach, gydag arweinydd y glowyr, Arthur Horner, yn arwain y Blaid Gomiwnyddol gan drefnu gorymdeithiau yn erbyn diweithdra.

"Adnabod Arthur Horner? Pan ddaeth e a'i wraig yma gynta, roedd gyda nhw *appartments* yn groes i'r hewl fan hyn. Oedd e'n eitha neis, ond doeddwn i ddim yn cyd-fynd â lot o'i boints e."

Does gan y crydd fawr o amheuaeth mai'r Dirwasgiad oedd diwedd y Gymraeg ym Maerdy. Fe adawodd llawer o'r bobol ifanc ac, os oedden nhw'n dod yn ôl, roedden nhw fel rheol yn dod â chymar Saesneg. Dyw ei blant ef ei hun ddim yn siarad Cymraeg er eu bod, ill tri, yn byw yn agos.

Mae'n codi ei hun ar ei ddwy ffon i ffarwelio ac ysgwyd llaw. "Oedd Maerdy'n arfer bod yn bentre parchus, pleserus iawn," meddai wedyn. "Cofiwch chi ddweud hynna."

Tachwedd 27, 1997

Fe gyfrannodd Dic Jones golofn bron yn ddi-fwlch o ddechrau Golwg hyd at ei farwolaeth yn 2009. Ar y dechrau, roedd y colofnau'n rhai rhyddiaith – gydag ambell un yn gywydd wedi'i guddio. Yn ddiweddarach, fe droeson nhw'n golofnau ar gân. Roedden nhw'n gymysgedd o sylwadau craff am y byd a'i bethau a chariad dwfn at ardal a'i phobol. Roedd nifer yn bortreadau, gan gynnwys hwn, o fwyty'r Emlyn yn Nhanygroes.

Yr Emlyn

Enwogwyd Caffi Gaerwen a Hernando's Hideaway ar gân, felly mae'n siŵr fod Gwesty'r Emlyn yn Nhanygroes yn haeddu pwt o ysgrif. Cyfarwydd i yrwyr lorïau ledled y wlad (a bechgyn Mansel Davies yn enwedig) a'i groeso diffuant a'i brydau bwyd rhesymol a dinonsens yn amheuthun.

Ond tyfodd i fod yn dipyn mwy na hynny. Achos mewn cyfnod pan yw bri a defnyddioldeb neuaddau pentref ar drai (yn bennaf oherwydd y gost gynyddol o'u cynnal) hwn yw canolfan pob mudiad Cymraeg o bwys yn yr ardaloedd. Clybiau chwaraeon, cerdd, ysgolion meithrin, llên, gyrfâu chwist – maent i gyd yn cael lloches yno.

Mae wedi llwyddo am ei fod wedi tyfu'n raddol o bridd ei ardal i ateb anghenion yr ardal honno. Nid rhywbeth a drawsblannwyd o dir estron mohono, ac arian rhyw lotri neu'i gilydd yn cadw'r hwch o'r drws. Na breuddwyd rhyw *entrepreneur* a ffansïai ei hunan fel perchennog rhyw blasty lleol dro, i'w werthu wedyn a symud ymlaen. Nid rhyw glwb na bwyty byr ei barhad chwaith, a lanwodd y papurau lleol am bythefnos ond y diffoddodd gwlybaniaeth un gaeaf ei dân.

Datblygodd o siop bitw bach ar y gornel, mewn adeg pan oedd yn bosib gwneud bywoliaeth o siopau o'r fath. Yna helaethu i gwrdd â gofynion y saith a'r wythdegau. Nes i gystadleuaeth annheg yr archfarchnadoedd cymorthdaledig ei goddiweddyd. Ac y maent yn gymorthdaledig. Yn eu meysydd parcio, yn y cylchdroeon a'r ffyrdd a baratoir ar eu cyfer, yn yr arian a werir i geisio adnewyddu trefi y maent hwy wedi dinistrio'u busnes, ac yn y cowtowio parhaus y mae awdurdodau lleol yn eu cynnig iddynt hwy.

Erbyn hyn mae'n lloches (ac yn aelwyd hefyd) i nifer a fuasai yn ddeiliaid cartrefi henoed oni bai amdano: yn ganolfan pryd ar glud ac yn lle delfrydol ar gyfer unrhyw beth – o wledd briodas i ginio blynyddol Clwb Ffermwyr Ieuanc. Mae yno lasied go lew yn ogystal!

Ond fel ym mhobman arall – nid y lle ond y llaw. Neu'r dwylo'n hytrach. Busnes teuluol mewn gwirionedd, a'r drydedd genhedlaeth yn prysur ddod i'w hetifeddiaeth.

Gŵr y got wen a'r cetyn sy'n rhedeg y lle. Os rhedeg hefyd, achos pwyll yw ei enw canol. Y pwyll hwn sy'n dod â'r gorchwyl i ben yn ei bryd. Ef fydd wedi brecwasta'i letywyr, gan helpu rhai i lawr grisiau croeso, a hambyrddu prydau'r lleill i fyny'r un grisiau'n ddiflino.

Ef fydd wedi porthi pum mil y lorïwyr ar eu cythlwng yn torri'u siwrnai i bellafoedd y wlad. Ef, tua hanner dydd, fydd yn paratoi i lwytho'r fan i drafaelu'r plwyfi â chiniawau i fythynnod y methedig. Ac ef, doed saith o'r gloch, fydd yn glustiau i gyd am y perl diweddaraf o awen Emyr Oernant a Dai Pen-dre, Arwel ac Emyr Penrhiw. Does ryfedd yn y byd fod tri thîm Talwrn yn ystyried yr Emlyn yn bencadlys.

Does ryfedd chwaith mai yno y bydd Dafydd Iwan a'i debyg yn ei morio hi yn eu tro, neu'r Ysgol Feithrin a Merched y Wawr yn rhedeg raffl eu cynhaliaeth. Achos mae'n lle sydd wedi ennill cefnogaeth yr ardaloedd. Ei ennill, nid ei brynu.

(Gyda llaw, nid hysbyseb ydyw hwn! Ond y tro nesaf y byddaf i yno – wyddoch chi ddim …)

Mehefin 2, 1994

Fe fu gan Golwg *nifer o golofnwyr dychmygol, yn hogan wyllt, yn 'Mrs Hague', yn athrawes ddespret a llawer mwy. Roedd un cyfrannwr cyson yn crynhoi holl ofnau a dyheadau dysgwyr yr iaith.*

Dyddiadur Dysgwr Despret

Colli wyneb

Pam wnaeth y dysgwr groesi'r ffordd? Er mwyn osgoi siarad â'r Cymro Cymraeg.

Pan dw i'n gwrando ar rywun heb ddeall gair, dw i'n defnyddio fy wyneb "arbennig" sy'n mynegi pob emosiwn ar yr un pryd ac sy'n golygu popeth i bawb.

Wedi'r cwbl, pan dych chi ddim yn siŵr os ydi'r person sy'n cael ei drafod wedi:

a) marw

b) ennill y pŵls

c) rhedeg i ffwrdd gyda dyn y llaeth

ch) cael ei restio

y mae'n bwysig bod eich wyneb yn dangos cydymdeimlad, llawenydd, arswyd, diddordeb, sioc a dealltwriaeth – i gyd ar yr un pryd, rhag ofn.

Arf sylfaenol i bob dysgwr profiadol ydi'r wyneb yma.

Gwaeth byth ydi'r cam nesa lle dych chi'n ymuno â'r sgwrs wrth gael eich holi yn ddidrugaredd. Dw i'n cael f'atgoffa bob tro o raglen teledu y chwedegau, *Double Your Money*.

Dych chi'n cofio Hughie Green a'r gêm oedd yn cychwyn y rhaglen? Roedd rhaid osgoi dweud "yes" a "no" i'r cwestiynau oedd yn dod atoch fel bwledi. Tasech chi'n gwneud camgymeriad, basai rhywun wrth eich ochr yn canu gong. Dyna sut y teimlais i ddydd Iau – ar brawf.

"Ydych chi'n dod o Blackpool yn wreiddiol?" … (Saib) … Ydw!

"Oes gennych chi blant?" … (Saib bach) … Oes!

"Fuoch chi yn y dref y bore 'ma?" … (Saib mawr) … Do!

"Mae'n ddiwrnod hyfryd" … (Saib canolig) … Ydi!

"Wrth gwrs, chi yw gŵr Dawn" … (Rhy hyderus) … Ydw!

CABONG!

Dau o luniau'r ffotograffydd
Jeff Morgan, a enillodd wobr
Newyddiadurwr Cymreig y Flwyddyn
BT yn 1993.

Y Dalai Lama yn ymlacio er mwyn y
wasg ar ymweliad â Bro Morgannwg.

Ron Davies, Ysgrifennydd Cymru ar y
pryd, yn y misoedd cyn y Refferendwm
Datganoli a'i ymddiswyddiad
diweddarach yntau.

Tachwedd 25, 1993

Y 90au oedd dechrau 'cŵl Cymru' a dechrau hynny oedd llwyddiant bandiau fel y Super Furry Animals a Catatonia. Fe gafodd y ddau eu beirniadu am ganu yn Saesneg yn ogystal â Chymraeg. Roedd Cerys Anazapela (Matthews) yn ddigon parod i ateb cwestiynau wrth iddyn nhw hyrwyddo eu CD cynta. Mae'r albwm yn cynnwys yr un nifer o ganeuon Saesneg ag o rai Cymraeg.

Catatonia ar daith

Nos Fercher, Tachwedd 10. Noson gynta taith Catatonia – Aberystwyth, Bangor, Birmingham, Llundain, Caerdydd – i hyrwyddo eu CD/EP cynta i gwmni Crai/Sain.

Er bod y grŵp eisoes yn gyfarwydd yn sgil fideos *Fideo Naw* a *Dim Tafod* [y rhaglenni teledu], y trac 'Gwên' ar gasét/CD amlgyfrannog Ankst, *Ap Elvis*, a sesiwn ar gyfer y rhaglen radio *Heno, Bydd yr Adar yn Canu*, dyw'r band heb berfformio rhyw lawer hyd yn hyn. Ond, yn dilyn taith fer gyda'r Anhrefn a gig yn Steddfod Llanelwedd, maen nhw'n barod i wneud eu marc – yn llythrennol.

Gyda Marc Jones a Paul Jones (gynt o'r Cyrff) a Dafydd Ieuan (drymiwr Ffa Coffi Pawb) yn aelodau, mae'r grŵp wedi creu disgwyliadau mawr ac, yn ôl eu rheolwr, Rhys Mwyn, maen nhw'n benderfynol o lwyddo yn Gymraeg – neu yn Saesneg os oes rhaid.

Y ddwy aelod fwya egsotig yw Cerys Anazapela a'i llais tylwyth teg a Clancy Pegg ar yr allweddellau. Mae'r band eisoes wedi cael eu cymharu â grwpiau Saesneg fel The Sundays a'r Cocteau Twins.

"Dydyn nhw heb ddylanwadu arnon ni o gwbl," meddai Cerys Anazapela. "Mae pobol ond yn dweud hynny oherwydd fy llais i, ac rwy'n gobeithio nad yw e'n swnio'n *flyaway*. Mae'n well gen i wrando ar bethe fel The Doors, The Stone Roses a David Bowie – y stwff clasurol."

Yn ôl Clancy Pegg, sy'n hanu o Brighton, perfformwyr fel Blondie, Gary Glitter a Suzi Quatro sydd wedi ei hysbrydoli hi. "Marc a Cerys sy'n sgwennu'r *basics* i bob cân," meddai. "Ond mae gweddill y band yn cyfrannu eu syniadau nhw wedyn."

A'r band eisoes wedi cael eu beirniadu am ganu caneuon dwyieithog – mae dwy gân allan o'r pedair ar y CD newydd yn Saesneg – mae Catatonia yn fwy na pharod i amddiffyn eu hunain yn chwyrn yn erbyn y cyhuddiad fod hyn yn eu gwneud nhw'n "fradwrs".

"Rydyn ni mor falch o fod yn Gymry, ond dydyn ni ddim isie cael ein cyfyngu i un iaith yn unig," meddai Cerys Anazapela. "Mae ganddon ni ganeuon yn Sbaeneg a Ffrangeg hefyd, felly rwy'n meddwl ein bod ni'n ehangu ein gorwelion a dangos i bobol fod 'na gerddoriaeth dda yn dod mas o Gymru.

"Basen ni'n gwneud anghyfiawnder â ni ein hunain a Chymru petaen ni'n dewis bod yn gul ac aros o fewn ffiniau un wlad ac un iaith. Rydyn ni'n gallu siarad mwy nag un iaith, felly pam na ddylen ni ganu mewn mwy nag un iaith?"

"Cyn belled â'i fod yn swnio'n dda, dw i ddim yn gweld bod ots ym mha iaith yr ydan ni'n canu," meddai Clancy Pegg. "Mae yna rai caneuon yn swnio'n well yn Gymraeg a rhai eraill yn swnio'n well yn Saesneg; mae o mor syml â hynny.

"A beth bynnag, mae'n gwneud synnwyr fod rhywun fel Dafydd Iwan yn canu yn Gymraeg am fod ganddo fo neges wleidyddol i'w throsglwyddo ond, efo ni, y gerddoriaeth sy'n dod gynta."

Er bod y band braidd yn swil wrth sôn am eu huchelgais a'u gobeithion am y dyfodol, mae yna hyder tawel hefyd. "Dydan ni ddim ond eisio gwneud y gorau fedrwn ni," meddai Clancy Pegg. "Achos o leia mi fyddwn ni wedi bodloni ein hunain wedyn."

Wedi ei godi o lyfr, efallai fod enw'r band, Catatonia – math o *schizophrenia* sy'n achosi syrthni a phyliau o gyffro – yn ddisgrifiad cymwys o'u caneuon.

Mae'r melodïau meddal gyda'r ffrwydradau o angerdd yn dangos nad grŵp pop ysgafn, hawdd ei anghofio, yw'r rhain.

Mai 21, 1998

Os oedd Catatonia'n dechrau gwneud eu marc, roedd un ddeuawd wedi hen ennill eu plwy ...

Dilyn hogia Llŷn

Mae'r dynion yn un fflyd sychedig wrth y bar, a'r merched fel petaen nhw wedi eu hypnoteiddio yn eu seddau, yn gwrando. Dyw pawb ddim yn dilyn y patrwm hwnnw, ond dyna'r argraff gynta wrth gamu o'r smwclaw i gig John ac Alun yng Ngwesty'r Rhaeadr Ewynnol ym Metws-y-Coed.

Mae'r lle'n llawn. Y dyn wrth y drws yn darogan bod rhwng 300 a 400 o dicedi wedi eu gwerthu, a'r raffl yn mynd fel slecs. Mae'r elw yn mynd at ysgol feithrin leol, ond nid dyna'r rheswm dros brynu tocyn – John fydd yn tynnu'r buddugol ac yn cyflwyno'r gwobrau yn nes ymlaen.

Does yna neb yn ddigon dewr i ddawnsio ar ddechrau'r noson. Mae'r gynulleidfa drwchus yn llonydd, oni bai am wefusau sy'n geirio'n fwy cywrain na mamau eisteddfodol, traed yn tapio, a dwylo'n mynnu chwarae rhyw biano anweledig ar y byrddau bar crwn.

Ond mae ffans John ac Alun i'w gweld yn falch o gael dweud, a phrofi, eu bod nhw'n ffans go iawn. Unwaith iddyn nhw sbotio'r camera ar ysgwydd y ffotograffydd, maen nhw'n heidio i ddweud eu stori hefyd.

"Rydan ni'n mynd i'w gweld nhw ym mhobman," gan fwy nag un person ar y tro. "Rydan ni'n *groupies*, wyddoch chi," gan bobol ymhell dros oedran arferol mopio ar gantorion a sêr pop. Ac un dyn petrusgar yn holi: "Allwch chi dynnu fy llun i efo John ac Alun, plîs? Mi fasa hi'n fraint o'r mwya."

Ac unwaith y bydd y gerddoriaeth yn cyflymu, "a'r jeri-bincs yn llifo," yn ôl un dawnsiwr gwallgo, fe fydd y llawr yn orlawn o gyrff. Dwylo'n clapio, ac ambell "î-hâ" …

"Mae'n rhyfedd fel yr ydan ni'n gweld wynebau cyfarwydd lle bynnag yr ydan ni'n mynd," meddai John Jones, y cyn-adeiladwr barfog o Dudweiliog sydd bellach wedi rhoi'r gorau i'w waith dydd er mwyn canolbwyntio ar ganu. Ef sy'n canu'r caneuon, gyda chymorth harmonïaidd Alun Roberts, sydd hefyd yn chwarae gitâr.

Yn ystod pob egwyl, mae'r ddau'n cael cyfle

i gamu o'r golau i ganol eu cynulleidfa. Mae bodiau'n codi, mae pennau'n nodio am yn ôl i gydnabod cyfeillion. Ac ma "Su ma'i, John?" neu "Ti'n iawn, Alun, ers tro?" yn hedfan trwy'r aer.

"Mae cael cynulleidfa dda yn bwysig iawn i ni," meddai John eto. "Dyna pam fy mod i mor sicr wrth roi'r gorau i fy ngwaith bob dydd. Ar wahân i fod yn lladdfa – gweithio yn ystod y dydd a gigio gyda'r nosau ac ar benwythnosau – mae hi'n braf gallu byw ar bres sy'n dod o gerddoriaeth; dydi pawb ddim yn gallu gwneud hynny yng Nghymru.

"Nid lot o bobol sy'n gallu gwneud hynny a dw i'n teimlo'n lwcus iawn. Mae hynny'n rhan fawr o'r llwyddiant yr ydan ni wedi ei gael – mae lwc wedi chwarae ei ran."

Mae Nia Lloyd wedi teithio o Fwlch-gwyn ger Wrecsam i Fetws-y-Coed i weld John ac Alun yn canu. Unwaith y mis, yn ddi-ffael, fe fydd hi a'i dwy chwaer, Nerys ac Alwena, yn neidio i'r car ac yn mynd i gig gan yr hogia o Ben Draw'r Byd.

Mae'r tair wedi eu gwisgo mewn blowsus patrymog du a gwyn – pob un yn wahanol ond yn gweddu â'r ddwy arall. Maen nhw'n dawnsio reit wrth y llwyfan, gan chwerthin yn iach.

Mae Shiân Roberts o Bentrefoelas yn gwybod yn iawn pam ei bod hi yn mwynhau gwrando ar fiwsig John ac Alun. "Mae o'n fiwsig sydd yn siarad efo chi, dydi?" Yr hyn nad yw hi'n ei ddeall yw pam bod ei dau o blant 7 a 10 oed yn eu hoffi nhw.

"Mae o'n rhyfedd iawn," meddai. "Maen nhw'n ffraeo dros bwy sy'n chwarae'r gitâr (raced tennis) a phwy sy'n chwarae'r planc o bren y maen nhw'n ei alw'n *keyboards*. Maen nhw'n ffraeo dros pa un yw John a pha un yw Alun, a dydw i ddim yn deall y peth o gwbl.

"Mae dwy o genod drws nesa wedyn yn ymuno efo nhw ac yn cael benthyg y ddau *upright hoover* er mwyn smalio bod yn *backing singers*. Dw i jyst ddim yn gweld yr apêl i blant – dw i jyst ddim yn deall sut y medran nhw fod yn canu cân gan y Spice Girls un funud, ac yna'n canu llond ceg o Gymraeg John ac Alun."

Ionawr 29, 1998

Roedd rhaid rhoi rhybudd am iaith gref uwchben un cyfweliad gyda'r canwr Meic Stevens – a rhybudd am farn gryfach.

Canu gwlad ... a chrap tebyg

Oddarllen rhai o sylwadau Meic Stevens ar bapur, hawdd fyddai meddwl ei fod yn ddyn sydd wedi chwerwi. Chwerwi yn erbyn S4C a Radio Cymru, chwerwi gyda rhai o'i hen gyfeillion sy'n meddwi ar swyddi uchel o fewn y sefydliadau hynny, a chwerwi gyda'r sîn gerddorol yng Nghymru …

"Mae'n hollbwysig i gael swydd. Mae Mam: 'O, shwt mae Bethan?' 'Mae Bethan wedi cael swydd! O, lawr yng Nghaerdydd!' 'O, lle mae hi 'te?' 'O, mae'n gweithio yn y BBC.' 'O, 'na neis!' 'O, damo, mae ar y ffordd lan, Beti.' Pig ignorant farmer's daughter from God knows where."

Argraff wahanol gewch chi wrth siarad ag e yn y cnawd. Mae'r sylwadau'n llifo'n hallt, ond mae'n chwerthin yn uchel wrth eu dweud nhw. Mae'n feirniadol iawn o nifer fawr o bobol a sefydliadau – ond eto yr un mor llawn edmygedd o gerddorion sydd wedi ei ysbrydoli, ac sy'n dal i'w gyffroi.

Dyma'r dyn wnaeth gymaint â neb i roi hygrededd i ganu yn Gymraeg – ond a ddechreuodd ei yrfa yn canu yn Saesneg … y bardd a'r baledwr sy'n gyfrifol am rai o ganeuon hyfryta'r iaith Gymraeg – ond sydd â'i sgwrs yn pendilio rhwng Cymraeg a Saesneg.

Dyn croesawgar a chlên sydd yn amlach na pheidio yn rhegi rhywun i'r cymylau. Un o'r ychydig gantorion roc a gwerin sydd wedi cael ei gynnwys yn y *Cydymaith i Lenyddiaeth Cymru* a'r treiglwr mwya gwreiddiol o'r cyfan.

Yng Nghaerdydd y mae Meic Stevens yn byw bellach, gyda'i bedwar plentyn ieuenga. Mae ganddo blant eraill o bartneriaethau eraill ac mae bellach yn daid.

Yn y ddinas hon y dechreuodd y cwbl pan ddaeth y llanc o bentre Solfach yn Sir Benfro i astudio yn y coleg celf yn ystod y 50au. Cyn hir, roedd y bachgen a oedd wedi ffoli ar gerddoriaeth jazz a blŵs yn chwarae gyda rhai o fandiau jazz gorau Cymru ac yn teithio'r cyfandir yn chwarae mewn tafarndai, clybiau a neuaddau.

"O'n i'n mynd i bob man," meddai. "Oedd e'n rhatach ar y cyfandir, oedd e'n fwy *free and easy*. O'n i'n bysgo ym Mharis ac ym mhobman – ceiniog am wydred o win – t'mod pwy oedd yn gofalu amdanon ni oedd hwrens, yn llefydd fel St Michel ym Mharis."

I Meic Stevens, mae cariad y cyfryngau at gerddoriaeth hawdd, arwynebol yn debyg i'r hyn oedd hi pan oedd ef ei hun yn dechrau gwirioni ar y blŵs.

"O'n i ddim yn gallu clywed y blŵs oherwydd y blydi *colour prejudice*, oherwydd y *racism* rhonc, oedd yn yr USA. Doedd e ddim yn cael ei ddarlledu achos bod pobol yn meddwl fod pobol ddu yn gachu.

" … O'n nhw'n galw nhw'n *race records* … pobol fel Chuck Berry hyd yn oed. Glywais i stori am Chuck Berry – o'n nhw'n meddwl ei fod e'n ddyn gwyn! Wnaethon nhw bwco fe mewn i Georgia neu rhywle fel'na. Oedd e'n troi lan mewn Cadillac a 'you can't play here, boy'. Oedden nhw'n ffili credu mai fe oedd Chuck Berry."

Doedd fawr o feddwl gan Meic Stevens o'r sîn 'nôl yng Nghymru chwaith. Fe fyddai rhaglenni teledu yn cyflogi cerddorion i chwarae gyda'r artistiaid – *house band* – a oedd yno am y pres yn unig, meddai …

"Y ffordd mae'r *thing* yn mynd yng Nghymru nawr, mae e jyst yn mynd 'nôl, yn 'y marn i, i Hogia'r Wyddfa a Tony ac Aloma. Beth sydd yna nawr? Ffycin Dai a Jim neu Joe a Dai neu rywbeth, mae gyda chi ffycin Iona ac Andy, rhyw *jerks* eraill … John ac Alun – maen nhw'n lladd yr holl sîn. Ac mae gyda chi'r lleill yma yn eu dilyn nhw – ffycin Iwcs a Doyle, John ac Alun, Dave a Jean, Fran a Mike …"

Mawrth 13, 1997

O dro i dro yn ystod y chwarter canrif, fe godwyd ofnau am afiechydon newydd. Yn eu plith, BSE, clefyd y gwartheg gwallgo, a newidiodd fyd ffermio am byth. Ond roedd yna fersiwn dynol o'r clefyd hwnnw hefyd, CJD, ac roedd hwnnw'n chwalu bywydau.

Yr haint dieflig

Parhau i ddiodde y mae'r diwydiant amaethyddol yn sgil BSE. Parhau hefyd y mae galar tad sydd wedi gweld ei ferch yn marw o afiechyd creulon.

Hyd at flwyddyn ola'i hoes, roedd Alison Williams yn ferch ifanc heini ac iach a oedd yn byw bywyd llawn. Fe fyddai'r ferch o Bontnewydd, ger Caernarfon, wrth ei bodd yn hwylio ac yn sgïo, ac roedd yn aelod brwd o glwb lleol i gerddwyr.

Ond cafodd ei tharo gan afiechyd erchyll a drodd ei misoedd ola'n uffern iddi hi a'i theulu.

Yn dilyn ei marwolaeth yn 30 oed ym mis Chwefror llynedd, fe glywodd cwest mai'r ffurf ddiweddara o afiechyd Creutzfeldt-Jakob oedd yn gyfrifol. Ac mae ei thad yn sicr mai cig wedi ei heintio wnaeth achosi'r afiechyd.

Mae blwyddyn bellach ers i'r Gweinidog Iechyd, Stephen Dorrell, gyhoeddi yn y Senedd fod ffurf newydd o afiechyd Creutzfeldt-Jakob (CJD) yn gysylltiedig â chlefyd y gwartheg gwallgo (BSE).

Roedd hynny'n ddechrau ar flwyddyn hunllefus i'n ffermwyr, gyda llawer ohonyn nhw'n gorfod gweld rhai o'u hanifeiliaid gorau'n cael eu difa.

Ond i John Williams, peiriannydd wedi ymddeol, mae hi wedi bod yn flwyddyn o alaru ar ôl ei ferch.

"Mae'n dorcalonnus gweld bywyd ifanc wedi cael ei wastraffu, a dw i eisiau ein gweld ni'n gwneud popeth o fewn ein gallu i drio sicrhau na fydd yn digwydd i neb arall," meddai.

"Dw i eisiau i bawb ddallt nad ydw i'n ddyn chwerw. Does gen i ddim byd ond y ganmoliaeth ucha i Awdurdod Iechyd Gwynedd ac roedd y doctoriaid a'r nyrsys yn wych. Dw i ddim yn teimlo'n chwerw tuag at y ffermwyr chwaith, dw i'n deall fod ganddyn nhw eu bywoliaeth i boeni amdani …

"Mae un o'r arbenigwyr yn yr Uned CJD yng Nghaeredin wedi dweud yn bendant wrtha i mai cig wedi ei heintio oedd yn gyfrifol," meddai. Y gred yw mai rhwng 1985 ac 1987 y digwyddodd y drwg – cyn i fesurau llymach ddod i rym.

"Rhaid dweud fod y cyfan yn deillio o drachwant," meddai John Williams. "Mae'n amlwg na ddylai'r gwartheg fod wedi mynd i'r gadwyn fwyd.

"Mae yna *cover-up* anferth wedi bod – mae'n amlwg nad ydan ni wedi cael gwybod y cyfan. Ac mae'r toriadau mewn gwariant llywodraeth leol yn arwain at leihad yn nifer y swyddogion iechyd yr amgylchedd sy'n cadw rheolaeth ar ladd-dai."

Fel llawer un arall, mae John Williams wedi galw ar i'r Llywodraeth sefydlu adran i fod yn gyfrifol am fwyd, yn hytrach na bod bwyd yn dod o dan yr un adran ag amaethyddiaeth.

"Fedra i ddim gweld sut gallan nhw fod yn ddiduedd," meddai. "Mae'r Weinyddiaeth Amaeth yn gorfod edrych ar ôl buddiannau'r ffermwyr yn ogystal."

Yr wythnos nesa, fe fydd John Williams yn mynd i seminar ar CJD yng Ngholeg Prifysgol Warwick i weld grŵp yn cael ei sefydlu i helpu'r rhai sy'n gofalu am ddioddefwyr.

"Mae perthnasau'r dioddefwyr wedi cael eu hanghofio," meddai David Williams, ei fab. "Mae pawb yn ein hatgoffa'n gyson o argyfwng y ffermwyr. Ond beth ydi gwerth 16 o fywydau i'r Llywodraeth?"

Mawrth 14, 1996

Cysgod y Cryman yw un o'r nofelau Cymraeg mwya poblogaidd erioed, ond erbyn 1996 roedd ei hawdur, Islwyn Ffowc Elis, mewn gwewyr ac yn ceisio ailddechrau sgrifennu.

Yn ôl i sgwennu – portread o awdur newydd

"Dw i wedi ei deimlo fo. Pam fod rhai'n dal i gynhyrchu a pham fy mod i, fel rhai eraill, wedi stopio? Ydi, mae hynna'n fethiant. Mae rhai'n dweud nad ydi nofelydd yn dibynnu ar yr awen ac ysbrydoliaeth, ond mi oeddwn i."

Wnaiff Islwyn Ffowc Elis ddim siarad am gynnwys ei nofel newydd, rhag ofn i'r awydd ddiflannu wrth ei thrafod, fel priodasferch yn dangos ei ffrog i ormod o bobol ddyddiau cyn y gwasanaeth. Fe ddigwyddodd hynny o'r blaen.

"Mae hon wedi bod yn y pen ers blynyddoedd, hon ac un neu ddwy arall. Finnau'n methu mynd ati. Os bydda i'n dweud rhywbeth i awgrymu'r cynnwys mi fyddai hynny'n creu rhagfarn yn ei chylch."

Mae'n cydnabod bod sgrifennu heddiw'n waith caletach nag yn y dyddiau carlamus pan fyddai wrthi tan dri y bore yn gweithio ar *Cysgod y Cryman* neu *Ffenestri Tua'r Gwyll*.

"O'n i'n mynd i'r stydi a chau'r drws tan ddau, dri o'r gloch y bore. Oedd Eirlys [ei wraig] yn poeni. Mi fyddai'n dod i ben y

landing a gweiddi, 'Wyt ti'n dod i dy wely?' Ond oedd fy meddwl i'n mynd ar ras."

Dyddiau'r gweinidog oedd y rheiny ac yntau wedi cymryd capel yn Niwbwrch ar ôl gadael coleg. Mae'n cyfadde erbyn hyn mai anniddigrwydd oedd yr awen bryd hynny hefyd, a sgrifennu'n therapi.

"Dw i wedi bod yn hir yn trio dadansoddi'r peth. Ond ymdeimlad o fethiant oedd o. Roeddwn i wedi cal fy ngwthio i'r weinidogaeth, gan fy nhad yn fwya arbennig … ond pan ges i alwad dyma sylweddoli nad oeddwn i wedi fy ngalw i wneud hynny.

"Dim math o gŵyn am Niwbwrch, ond o'n i'n gorfod mynd i bob math o gyfarfodydd – cyfarfodydd misol, cyfarfodydd chwarter – a gwrando ar ryw hen fois yn siarad a malu awyr. Broc môr y ganrif ddiwetha.

"Oedd gas gen i fynd rownd tai wedyn a thrio siarad am y tywydd. Oedd yna gystadleuaeth yn Niwbwrch i weld pwy oedd wedi cael mwya o brofedigaethau ac opereshyns. Oeddach chi'n galw heibio i rywun a chael y rhestr i gyd.

"O'n i'n meddwl mai trio newid pobol oedd fy ngwaith i a thrio cael pobol i feddwl a theimlo rhywbeth."

Mae llawer yn yr ychydig frawddegau yna – yr hiwmor bach annisgwyl o grafog, yr ymboeni a'r dadansoddi, y delfrydu a'r awydd i ymroi i bethau dyfnach. Ac, yn y dechrau i gyd, dylanwad ei linach a'i ardal.

Dim ond yn ddiweddar, meddai, y mae wedi dianc rhag gafael ei ran arbennig o Bowys … Ei ardal a'i linach oedd y tu cefn i un o nofelau colledig y blynyddoedd hesb. Fe sgrifennodd 40,000 o eiriau o stori hanes am Gruffydd ap Llywelyn, y tywysog a unodd Gymru cyn i'r Normaniaid gyrraedd. Roedd un o gyndeidiau ei fam, yn ôl y sôn, yn ymladd wrth ochr y tywysog.

Roedd cymeriad hwnnw wedi ei hudo – y gymysgedd o greulondeb a boneddigeiddrwydd ac, yn fwy na dim, gwylltineb hael y dyn a gododd ofn ar y Saeson a chyfareddu'r croniclwyr.

Fe aeth y nofel i'r gwellt pan fynnodd un o swyddogion Cyngor y Celfyddydau roi sylw iddi mewn papur newydd a lladd yr ysbrydoliaeth. Yn rhywle, mae yna lu o nodiadau manwl am gymdeithas lwythol y Cymry yng nghanol yr unfed ganrif ar ddeg.

Mae Gruffydd yn dal i'w gorddi. "Mae yna ryw elfen o gasineb ato fo, er mai diffyg yn'o i ydi o. Mae'r cariad cas yna – fel dyn sy'n *stalker*, os na fedrwch chi ei chael, mae casineb yn magu …"

Rhagfyr 19, 1996

O dro i dro, roedd yna sôn y byddai'r band Cymraeg enwoca erioed – Edward H Dafis – yn ailffurfio. Ac, un tro, roedd y stori'n wir … fe ddaethon nhw at ei gilydd ar gyfer cyngerdd elusen. Dewi Pws a gadwodd gofnod o'r drafferth i gael Hefin Elis, Charli Britton, John Griffiths a Cleif Harpwood yn ôl at ei gilydd eto …

Yr hen ffordd Gymreig o fyw

Drama fer gan Dewi Pws

(Ffôn yn canu …)

Hefin: Helo, gai siarad â Dewi, plîs?

Dewi: Cei.

Hefin: Beth wyt ti'n meddwl o ailffurfio Edward H (eto) am un gig teledu?

Dewi: Beth ma'r rest o'r bois yn gweud?

Hefin: Faint ma S4C yn cynnig?!

Dewi: A faint ma nhw'n cynnig?

Hefin: Lot …

Dewi: Wy ishe iti gael gwybod nad wy'n neud hyn

1) am unrhyw reswm esthetig

2) i godi arian i'r Urdd

3) er mwyn creu rhwbeth creadigol sydd yn gerddorol wych.

Hefin: Gwd, mae'r ymarfer cynta mewn hanner awr yn yr Alex.

Dewi: YMARFER?!?!?!?

Hefin: Ma S4C yn talu am y cwrw.

Dewi: *(Yn canu)* 'Dan ni yma o hyd …

Pum munud yn ddiweddarach:

(Tafarn yr Alex)

Charli: Helo, Dewi.

Dewi: Helo … ydw i'n nabod chi?

Charli: O'n i'n arfer whare drwms i Edward H.

Dewi: Gosh! Wnei di arwyddo hwn i fi?

Charli: Beth yw e?

Dewi: Y siec wnest ti roi i fi bymtheg mlynedd yn ôl.

Charli: O. Sori …

Cleif: Pedwar paced o grisps, pum paced o Pork Scratchings, bag o peanuts, pum peint o Old Grumthuttock's Toenail – a rhywbeth i weddill y bois hefyd.

Barman: Ma'r frwydr yn erbyn *Health Food Monthly* yn mynd yn dda, 'te …

Hefin: Reit … odi'r list gyda ti?

Charli: Na, fi wastad yn sefyll fel hyn.

Hefin: Ti 'di cadw'r list gwreiddiol??!

Charli: Ydw. O'dd e'n gwynto o rhywun o'dd yn agos iawn ata i …

Dewi: Ti'n dal i golli'r ddafad 'na, on'd wyt ti? Do'dd cefn y fan ddim 'run peth hebddi.

Charli: *(Embaras)* Mi o'dd hi'n bert, a'r nefoedd sy'n gwybod be ddigwyddodd iddi.

Cleif: Ma 'da fi rwbeth i gyfadde.

Charli: Wnest ti ddim …?

Cleif: Do. Gyda mint sôs.

Hefin: Ocê, practis drosodd. Pawb lawr y Gandhi …

Pawb: Hwrê!

63

Gorffennaf 31, 1997

Yn union ar ôl Etholiad Cyffredinol 1997, fe ddechreuodd yr ymgyrchu tros ddatganoli. Ysgrifennydd Cymru, Ron Davies, oedd yn arwain y ffordd. Lai na deufis cyn y referendwm, fe roddodd gyfweliad ecsgliwsif i Golwg. *Dyma un neu ddau o'r atebion arwyddocaol ...*

Trech gwlad?

"Fy nghred i yw fod rhaid i'r Cynulliad weithio yn ôl tair egwyddor glir – egwyddor democratiaeth, egwyddor partneriaeth a'r egwyddor o gynnwys pawb, *inclusivity*. Y tair egwyddor yma fydd yn creu diwylliant y Cynulliad a diwylliant y Cynulliad fydd yn penderfynu a yw'r Cynulliad yn llwyddo ai peidio."

Roedd Ysgrifennydd Cymru'n sefyll o flaen stondin fechan bwrpasol yng nghanol siambr y Cyngor, yn Neuadd y Ddinas, Caerdydd. Y diwrnod wedi cyhoeddi'r Papur Gwyn oedd hi, a Ron Davies yn siarad gyda'r Wasg.

Fe ddewisodd drafod ei weledigaeth am wleidyddiaeth newydd ac ychydig wedyn, mewn cyfweliad ecsgliwsif gyda *Golwg* ym Mharc Cathays, roedd yn dweud mai dyna'r ffordd ymlaen gan y gallai Senedd San Steffan danseilio Cynulliad Cymru pe bai'n dymuno gwneud hynny.

Yr ateb, meddai ef, yw creu consensws gwleidyddol a chefnogaeth gyhoeddus sy'n ddigon cadarn i'w amddiffyn. Mae'n credu'n gryf yn y math o weithredu gwleidyddol sydd wedi dod â'r syniad o ddatganoli cyn belled â hyn ...

"Ar y funud, fe all llywodraeth y dydd danseilio llywodraeth leol: fe all osod dyletswyddau newydd ar lywodraeth leol heb roi arian digonol; fe all dynnu pwerau oddi ar lywodraeth leol; fe all newid sylfeini ariannol. Fe all wneud yr holl bethau yna a'r gwir yw fod Senedd San Steffan yn sofran ac fe fydd yn dal i fod yn sofran ac fe all wneud drwg i'r Cynulliad os dyna yw ei dymuniad.

"Yr hyn sy'n rhaid i ni ei wneud, a dyma'r neges yr ydw i am ei chyfleu mor gryf ag y galla i, yw datblygu'r Cynulliad mewn ffordd sy'n ennill cefnogaeth eang y cyhoedd. Os gwnewch chi hynny, fe fydd yn fur yn erbyn llywodraeth elyniaethus, achos fe fydd honno wedyn yn gweithredu, nid yn erbyn sefydliad, ond yn erbyn pobol, ac mae'r bobol yn llawer cryfach na'r sefydliadau."

Beth yw eich ofnau o ran yr ymgyrch 'Na'?

"Y peryg mawr yw eu bod yn chwarae ar ofnau pobol. Y bygythiad nad ydw i'n ei hoffi a'r un sy'n fy mhoeni fwya yw y byddan nhw'n ceisio ein hiselhau ni a'n rhannu ni yng Nghymru ac mae hynny'n fy mhoeni'n arw. Mae'n agwedd sy'n creu pryder yn yr holl broses ddatganoli, y gallai ryddhau grymoedd a fedrai rannu a dinistrio.

"Rydw i'n credu y bydd yna ymgyrch fwriadol yn ceisio rhannu Cymru, rhwng siaradwyr Cymraeg a siaradwyr Saesneg, rhwng Gogledd a De, rhwng y Gymru ddiwydiannol a'r Gymru wledig. Fe fyddan nhw'n gwneud hynny trwy gelwydd a cham-wybodaeth."

Beth ydych chi'n ddisgwyl gan aelodau Llafur Cymru?

"Rydw i'n disgwyl un peth yn glir ac yn sylfaenol a theyrngarwch aelodau Llafur ydi hwnnw. Fe gawson nhw eu hethol ar faniffesto a ddywedodd y byddai yna refferendwm ac y bydden ni'n ymgyrchu am bleidlais 'Ie'. Rydw i'n ystyried fy mod i fy hun wedi fy rhwymo i'r maniffesto yna ac rydw i'n ystyried fod pobol eraill wedi eu rhwymo iddo hefyd."

Ond mae rhai eisoes wedi bod yn siarad yn erbyn.

"Os felly maen nhw wedi mynd yn groes i fy nisgwyliadau i."

Be wnewch chi am hynny?

"Mi fydda i'n dyblu fy ymdrechion i wneud yn siŵr o bleidlais 'Ie'."

Roedd y cyfweliad ffurfiol ar ben. "Mae'n werth ei gael," meddai, wrth ffarwelio. Ac yna ychwanegu un peth arall: "Fyddech chi ddim wedi credu petai rhywun wedi dweud wrthoch chi, pan ddes i'n Llefarydd Llafur ar Gymru yn 1992, y bydden ni o fewn pum mlynedd yn trafod Papur Gwyn ar gyfer Cynulliad pwerus i Gymru, yn cael ei ethol trwy ddull PR, gyda mwyafrif llethol iddo o fewn y Blaid Lafur, ac aelodau'r Blaid yn frwdfrydig i ymgyrchu trosto."

Medi 25, 1997

Roedd Golwg *yng Nghaerdydd nos Iau, Medi 16, 1997, pan bleidleisiodd Cymru o fymryn o blaid cael Cynulliad.*

Noson y ddrama fawr

Mae hi'n berfeddion nos ac yn wyntog a stormus yng Nghaerdydd. Ond gyda'r holl griwiau camerâu teledu o gwmpas, mae hi'n gefn dydd golau y tu allan i'r Coleg Cerdd a Drama, dafliad carreg o Neuadd y Ddinas.

O fewn y ganolfan, mae hi'n un berw gwyllt o newyddiadurwyr, criwiau ffilm ac ymgyrchwyr gwleidyddol o bob math, yn arweinwyr pleidiau ac yn ganfaswyr cyffredin.

Mae'n gymharol ddigyffro tan hanner awr wedi hanner nos a neb wedi cynhyrfu llawer tros ganlyniad Wrecsam. Roedd y mwyafrif yn erbyn yn weddol fychan a'r garfan 'Ie' heb ddisgwyl ennill yno.

Er mai i lawr y grisiau yn y theatr y mae'r cyhoeddiadau'n digwydd, dim ond y camerâu teledu a'r milltiroedd o geblau sydd i'w gweld yno ar hyn o bryd. Mae llawer mwy o fywyd o gwmpas y bar.

Does neb yn disgwyl dim byd ond 'Na' o Sir y Fflint ond mae'r 'Na' yn gryf a'r tensiwn yn dechrau i bobol yr 'Ie'. Erbyn hyn, mae aelodau Plaid Cymru wedi clywed adroddiadau swyddogol y bydd yna bleidlais 'Na' mewn rhes o siroedd, gan gynnwys Caerdydd.

Toc, fe ddaw canlyniad Sir Ddinbych gydag ardaloedd Cymraeg Dyffryn Clwyd. Mwyafrif helaeth i'r 'Na' yma eto. Mae'r gwir yn dechrau gwawrio – fe all Cymru ailadrodd 1979.

Ar ôl canlyniad trychinebus arall yng Nghasnewydd, mae yna rywfaint o newyddion da. Merthyr yn fotio o blaid. Ond dyma'r etholaeth leia (a'r cyfanswm cenedlaethol fydd yn cyfri).

Mae'r canlyniad nesa'n dod â thipyn mwy o floedd. Blaenau Gwent yn pleidleisio 'Ie'! Ennill yn nhir y gelyn mawr, Llew Smith. Y rhifyddeg yn cael ei hanghofio.

Dau ganlyniad cymysg wedyn – mwyafrif tila ym Môn; siom ar yr ochr orau o ganlyniad agos Torfaen. Yna 'Na' yn diasbedain o Gaerdydd, Bro Morgannwg a Chonwy. Mae'r wên ar wynebau'r Torïaid yn mynd yn lletach o hyd.

Yng nghanol hyn i gyd, mae un canlyniad

wedi rhoi llygedyn o obaith – Nedd ac Afan yn pleidleisio 2 i 1 o blaid, gyda mwyafrif o 18,000. Cyn hynny, roedd y mwyafrif 'Na' yn nesáu at 50,000 a'r holi'n dechrau am beth a aeth o'i le.

A oes gobaith? "Mewn theori, mae'n debyg," yw ateb yr Aelod Seneddol Ewropeaidd Wayne David a'r olwg ddigalon arno'n dweud y cyfan, bod canlyniad Rhondda Cynon Taf yn rhoi tolc o ddim ond 15,000 yn y mwyafrif 'Na'.

Mae'r canlyniadau'n llifo: Caerffili – mwyafrif bach o blaid. Mae Ysgrifennydd Cymru [Ron Davies] a chriw o'i weithwyr yn ymddangos yn sydyn. Mae ei wyneb yn hir. Dim ond Powys, Sir Benfro, Gwynedd a Sir Gâr ar ôl.

'Na' pendant yn y ddwy gynta, fel y disgwyl. Y mwyafrifoedd heb fod yn anferthol ond ychydig o dan 32,000 yn dal i fynd. Gwynedd yn syth wedyn – 16,000 o fwyafrif. Hanner ffordd!

Yn sydyn, mae mŵd cefnogwyr Llafur wedi newid yn llwyr. Mae'n amlwg eu bod nhw'n gwybod rhywbeth … yn fuan mae'r sibrydion yn dew – "r'yn ni 23,000 ar y blaen yn Sir Gâr!"

Does dim sôn am yr Athro Sunderland [cyhoeddwr y canlyniadau]. Mae'r gerddoriaeth yn codi a'r cnoi ewinedd yn cynyddu.

O'r diwedd dyma'r llais undonog: "Dyma'r canlyniad am Sir Gaerfyrddin. Nifer o bleidleisiau dilys yr wyf yn cytuno y dylid sefydlu Cynulliad i Gymru: pedwar deg naw mil …"

"Nifer y pleidleisiau dilys nid wyf yn cytuno y dylid sefydlu Cynulliad i Gymru: dau …"

Mae bloedd y dorf yn ei rwystro rhag dweud mwy.

golwg ar bum mlynedd
1998–2003

Y prif ddigwyddiadau

Stormus oedd dechrau'r Cynulliad Cenedlaethol, ar ôl i Blaid Cymru wneud yn annisgwyl o dda yn yr etholiadau cyntaf yn 1999. Cyn agor y sefydliad yr oedd yn rhannol gyfrifol amdano, fe ymddiswyddodd Ron Davies o fod yn Ysgrifennydd Cymru, a hynny tros sgandal rywiol. Fe aeth hi'n ffrae ffyrnig o fewn y Blaid Lafur wrth i 'ffefryn y bobol', Rhodri Morgan, guro 'dewis Llundain' (Alun Michael) a dod yn Brif Weinidog am ddeng mlynedd.

Dadl boethaf y cyfnod oedd honno tros y mewnlifiad Saesneg, a thrafod y pwnc yn achosi problemau i'r mudiad cenedlaethol. Ond fe ddaeth un o bynciau mawr dechrau'r 21ain ganrif i'r wyneb hefyd gyda hunanladdiad awdur ac athro, John Owen, ar ôl honiadau o gam-drin rhywiol yn erbyn bechgyn ac wrth i'r Barnwr Waterhouse gyhoeddi adroddiad anferth am gam-drin bechgyn mewn cartrefi gofal yng ngogledd Cymru.

Roedd y dadlau wedi dechrau tros ffioedd myfyrwyr, a'r breuddwydio wedi dechrau am bapur dyddiol *Y Byd*. Fe fu protestiadau am gnydau GM oedd wedi'u hystumio'n enynnol. Os oedd yna bryder bryd hynny hyd yn oed fod chwaraewyr rygbi gorau Cymru am adael y wlad am well arian, fe agorodd Stadiwm y Mileniwm yng Nghaerdydd.

Roedd *Golwg* ar newydd wedd ac fe lansiodd y cwmni y cylchgrawn *V* i bobol ifanc.

GOLWG

CYFROL 12 RHIF 2 MEDI 9 1999 · 95c · BOB DYDD IAU

FFION 'GWALLT' DAFIS

actio yn y sgrym

TU ÔL I LENNI OPERA

gwneud wigs a dillad isa'

ALUN MICHAEL

holi'r Prif Ysgrifennydd

ISBN 0969-9295

GOLWG

CYFROL 12 RHIF 16 RHAGFYR 16 1999 · 95c · BOB DYDD IAU

DRAMA'R GENI GAN AELODAU'R CYNULLIAD

EICH ANRHEG NADOLIG CHI!

RHIFYN MAWR Y NADOLIG

TELEDU, ANRHEGION, BWYD, SION CORN, LLYFRAU ... A MWY!

ISBN 0969-9295

GOLWG

CYFROL 12 RHIF 17 RHIFYN Y MILENIWM · 95c · BOB DYDD IAU

Rhifyn arbennig 2000

ISSN 0969-9295

9 770969 929025

BT☎ Papur Newydd Wythnosol y Flwyddyn 2000 BT☎

golwg

ISSN 0969-9295

£1.25

bob dydd iau

cyfrol 12 | rhif 46 | gorffennaf 27 | 2000

Arian Amcan Un
faint gafodd
Cymru go iawn?

Rhyfel mewn lluniau
camera yn
Afghanistan

Heather Jones
caneuon newydd
i'w can

Nofio
mewn cors
pwy fyddai'n meddwl gwneud ...

golwg

ISSN 0969-9295
£1.25

bob dydd iau

cyfrol 15 | rhif 28 | mawrth 27 | 2003

Galwad i'r gad
rhifyn arbennig
Rhyfel Irác

Cyrraedd Base Camp
Llion Iwan a
swyn Everest

Gwers yn y gwres
ysgol solar
Sir Ddinbych

Diwydiant merched Môn
atgyfodi hen grefft

BT☎ Papur Newydd Wythnosol y Flwyddyn 2000 BT☎

golwg

ISSN 0969-9295
£1.25

bob dydd iau

cyfrol 12 | rhif 10 |

Nadolig - caru a chasáu

Gwisgo Beckham
dillad
y sêr

Gweinidog pa iaith?
holi Jenny
Randerson

Am-Tanni
athletwraig
orau
Cymru

Helynt ar y ffordd?
ffrae protestiadau petrol

gair golygydd
karen owen
Mehefin 2000 – Ebrill 2007

Y saith mlynedd yng nghadair *Golwg* oedd y cyfnod o waith caletaf i mi erioed ymgymryd ag o.

Ces nifer o gefnogwyr yn dweud wrtha i y byddwn yn "tyfu i mewn" i'r swydd. Dw i'n gobeithio bod hynny'n wir, oherwydd hongiais y swydd amdanaf a'i gwisgo ym mhob cornel o Gymru a dod i deimlo rhyw fymryn yn fwy cyfforddus ynddi gyda phob rhifyn.

Roedd yn gyfnod o ddifrifoli hefyd. Teimlo cyfrifoldeb ac atebolrwydd. Oriau mawr. Delio â chŵynion. Gwerthfawrogi grym ffotograffau a dyluniad tudalennau. Deall cymhlethdodau fy iaith fy hun.

Jyglo cyllidebau hefyd. Mwynhau gweld rhaglenni teledu a radio'n codi straeon o'r cylchgrawn bob wythnos. Fe fu sgŵps.

Fe ddaeth – ac fe aeth – 13 o newyddiadurwyr, yn ôl fy nghyfrif i, nifer fawr yn dod yn ffres o'r coleg. Rydw i'n ymfalchïo na chafodd yr un

datganiad i'r wasg ei atgynhyrchu. Mae sgrifennu straeon gwreiddiol yn hanfodol.

Yr un peth rydw i'n ei ddifaru ydi peidio defnyddio mwy o hiwmor, ond mae'n debyg mai hyder y blynyddoedd sy'n rhoi mwy o fflêr.

Ar ddiwedd sgwrs ffôn, fe gynigiodd John Roberts Williams, cyn-olygydd *Y Cymro*, fod yn rhaid i hac ollwng gafael ar rifyn yr wythnos ddiwethaf – "Hynny, neu golli arno'i hun, Karen fach." Cyngor doeth.

Hydref 29, 1998

Y salwch sy'n bwyta'r meddwl

Roedd gan awdur ffilm newydd Gymraeg reswm personol tros sgrifennu am anorecsia … ei fwriad yn awr yw rhybuddio pobol eraill.

Tan iddi farw, doedd gan Dewi Wyn Williams ddim syniad fod ei gyn-gariad yn diodde o anorecsia. Nid y salwch hwnnw a'i lladdodd hi, ond mae'r dramodydd yn dal i gofio'r teimlad pan sylweddolodd ei bod hi wedi diodde heb yngan gair wrtho ef.

Dyna pam y mae sgriptio'r ffilm *Lois*, sy'n ymdrin ag anorecsia, wedi bod yn broses ddwys. "Ar ôl i mi ffeindio allan," meddai, "mi sylweddolais i 'mod i wedi cael fy nhwyllo. Oeddwn i jyst yn teimlo, biti na fuaswn i wedi gwybod.

"Roedd y ffilm yn rhyw fath o gatharsis i fi ac yn ffordd o gael gwared ar yr euogrwydd yr oeddwn i'n ei deimlo. Oeddwn i'n gobeithio drwy'r ffilm y gallwn i roi rhyw fath o rybudd i deuluoedd.

"Mae *Lois* yn ffilm emosiynol iawn," meddai. "Ffilm am salwch ydi hi – nid y stori ydw i eisiau allan ohoni, ond tynnu sylw at y salwch.

Roedd hi'n rhyw fath o grwsâd personol i mi ac roeddwn i'n fodlon aberthu'r elfen o ddrama yn y ffilm er mwyn cael y neges drosodd.

"Does yna neb mewn gwirionedd yn deall anorecsia," meddai. "Tydi anorecsia ddim byd i'w wneud efo bwyd. Mae fwy i'w wneud â'r angen i allu rheoli rhywbeth. Yn aml iawn y gallu i reoli bwyd ydi'r unig reolaeth sydd gan berson anorecsig ar fywyd …"

Yn ôl Dewi Wyn Williams, un o'r elfennau anodda gyda'r ffilm oedd castio rhan Lois ei hun. Roedden nhw'n ffodus iawn i gastio Nia Roberts.

"Doeddwn i ddim yn gwybod rhyw lawer o gwbl am anorecsia," meddai hi. "Dw i wedi nabod pobol oedd wedi diodde o anorecsia ond doeddwn i erioed wedi darllen i mewn i'r peth. Roedd yn rhaid i fi geisio deall beth oedd wedi digwydd i Lois."

Wrth wneud y ffilm yn y diwedd, roedd yna

gyn-ddioddefwraig ar y set yn rhoi cyngor iddi ar y ffordd yr oedd Lois yn cerdded, yn eistedd ac yn symud. Fe gollodd hithau hanner stôn o bwysau er mwyn mynd yn nes at y teimlad.

"Roedd e'n brofiad anodd ceisio actio Lois oherwydd roedd popeth yn mynd ymlaen yn ei phen hi; doedd dim byd yn agored. Mae yna gymaint o newidiadau yn nheimladau Lois ymhob rhan o'r ffilm, a dyna beth yw anorecsia – un funud fyddwch chi lan, a'r funud nesa fyddwch chi i lawr."

Mae Andrew Knight yn credu'n gryf bod angen canolfannau anorecsia yng Nghymru. Ar hyn o bryd, mae'n rhaid i gleifion deithio i ddinasoedd yn Lloegr, fel Lerpwl.

Ac yntau'n feddyg gyda Gwasanaethau Plant a Phobol Ifainc yn y Rhyl, mae'n gweld pedwar neu bump o ddioddefwyr bob blwyddyn. Merched yw'r rhan fwya, ond mae ambell fachgen hefyd.

Yn ogystal â'r peryg tymor byr, mae e'n poeni y gall person sy'n isel iawn ei bwysau am chwe mis ddiodde o effeithiau hir dymor fel osteoporosis, neu esgyrn gwan.

Ar hyn o bryd, mae'n cymryd rhyw flwyddyn cyn y bydd person anorecsig yn mynd at y meddyg gynta ac fe all tipyn o niwed gael ei wneud i'r corff erbyn hynny.

"Mae angen triniaeth seicolegol a chorfforol ar berson sy'n diodde o anorecsia," meddai Andrew Knight, sydd wedi gweld merch yn marw o'r clefyd. "Fe allwch chi ganolbwyntio ar yr ochr seicolegol, ond allwch chi ddim pregethu wrth gorff …"

Tachwedd 19, 1998

Pryd ga i ddeffro?

Mae'r achos llys drosodd, mae llofrudd ei wraig a'i ferch dan glo, ond mae achos apêl ar y ffordd. Mae Shaun Russell yn dal i obeithio y bydd e'n deffro un bore a chanfod mai hunlle oedd y cwbl.

Mae'n chwythu rhywbeth oer yn Nyffryn Nantlle heddiw – y gwynt hwnnw sy'n sychu dagrau'r glaw oddi ar lethrau'r tomenni llechi. Y gwynt sy'n rhewi'r clustiau gan chwarae lleisiau atgofion yn y cof. Ond eto, mae yna rywbeth yn gynnes ynddo, wrth iddo'i lapio'i hun am y bwthyn bychan ym mhentre gwasgaredig Tan-yr-allt, rhwng Llanllyfni a Thal-y-sarn.

"Yn fan hyn gawson ni dawelwch meddwl, ac mae o'n rhyw fath o guddfan o hyd," meddai Shaun Russell wrth ddychwelyd i'w gartre a chau'r drws yn glep ar y byd y tu allan. Mae e newydd fod yn danfon ei ferch, Josie, i'r ysgol gynradd yn Nantlle, ac mae'n chwerthin wrth sôn am ei hwyl hi fore heddiw.

"Roeddwn i'n codi un o'i ffrindiau hi ar y ffordd, ac roedd y ddwy yn llawn drygioni," meddai. "Mae ganddyn nhw athro llanw yn yr ysgol heddiw ac roedden nhw'n cynllunio pa driciau yr oedden nhw am eu chwarae arno fo. Druan ohono fo, ddyweda i."

Dridiau cyn y Nadolig yn 1996 oedd hi pan ddaeth Shaun a Josie Russell yn ôl i fyw i Dan-yr-allt o Kent. Roedd Josie yn dechrau gwella ar ôl cael ei hanafu'n ddrwg yn yr ymosodiad cïaidd a laddodd ei mam a'i chwaer, Lin a Megan.

Roedd y tŷ newydd yn foel, doedd ganddyn nhw ddim awydd dathlu'r Ŵyl, ac roedd yr unig anrhegion y byddai'r hanner-teulu bach yn eu deisyfu wedi eu claddu gannoedd o filltiroedd i ffwrdd.

"Bryd hynny, mi ffeindion ni allan pwy oedd ein ffrindiau ni," meddai Shaun Russell. "Fe ddaeth rhai o'r cymdogion draw a'n helpu ni i osod trimins i fyny. Fe edrychon nhw ar ein holau ni a gwneud yn siŵr na fydden ni'n mynd heb ddim byd. Ac mae'r ysbryd hwnnw wedi para, ac yn dal i fodoli hyd heddiw."

Chwerthin yn swil a thawel, yr un mor dawel â'i lais, y mae Shaun Russell. Ac mae'n chwerthin mwy na'r disgwyl wrth iddo sylweddoli cymaint y mae pethau wedi gwella ers y daethon nhw i fyw i Dan-yr-allt – ac wrth gydnabod bod y gwaetha o'i flaen o hyd.

Mae'n wir ei fod yn chwerthin hefyd cyn dechrau sbowtio'r geiriau y bydd e'n eu bwydo i'r wasg er mwyn cau eu cegau – y teimladau ar-go' hynny y mae'n eu cyflwyno ar awtopeilot geiriol. Ond mae hi'n hollol amlwg, wrth i'r crac yn y llais fradychu'r wên ac i'r llygaid grychu yn eu hymylon, bod yna rai geiriau a phynciau sy'n dal yr un mor boenus, ddwy flynedd hir yn hwyrach.

"Ar y dechrau, roedd Josie yn methu siarad oherwydd yr anafiadau i'w phen," meddai, "ond roedd o'n fwy na hynny hefyd. Roedd hi'n gwrthod gwneud dim byd â fi oherwydd fy mod i'n ddyn, ac am mai dyn oedd wedi ymosod arni hi, ei mam, a'i chwaer. Roedd hynny'n boenus ofnadwy – y ffaith bod y ddau ohonan ni oedd ar ôl yn methu dod trwyddi efo'n gilydd.

"Roedd o'n gyfnod pryd y byddwn i wedi bod wrth fy modd yn cael ambell i goflaid gan Josie, ond doedd dim byd yn tycio. Rŵan, mae hi'n fodlon eistedd ar fy nglin i o dro i dro, ond mae hi'n dal i fod yn bell. Ond mae pethau yn well nag yr oeddan nhw – mae hi wrth ei bodd yn chwarae gêmau rŵan, ac mae hi'n siarad efo fi.

"Rydan ni'n siarad am bob dim – am ysgol, am y ceffylau y mae hi wrth ei bodd efo nhw, am ei chwaer a'i mam – dw i'n falch iawn ein bod ni'n gallu siarad yn hollol agored."

Tachwedd 5, 1998

Digwyddiad a ysgytiodd Gymru oedd ymddiswyddiad Ysgrifennydd Cymru, Ron Davies, pensaer datganoli a'r dyn oedd yn cario'r cynlluniau yn ei ben. Fe ddaeth y 'Tro ar Gomin Clapham' yn enwog ... roedd rhywun wedi ymosod arno ... dim ond wedyn y daeth hi'n glir, ac y cyfaddefodd yntau, fod hynny'n rhan o weithgarwch rhywiol gyda dyn. Yn union wedyn, roedd y dirgelwch yn parhau ...

Pam yr aeth Ron Davies?

Chwarter i wyth, nos Lun, Tachwedd 2. Mae Ron Davies mewn car yn cael ei yrru yn ôl i Gymru o Lundain. Union wythnos ynghynt, roedd newydd orffen taith i'r cyfeiriad arall ar Gomin Clapham.

Gydag ef heddiw, mae dau gyd-weithiwr gwleidyddol, gan gynnwys Huw Roberts, yr ymgynghorydd arbennig. Wythnos ynghynt, roedd hwnnw ar ei wyliau, neu mae'n siŵr y byddai ef a'r cyn-Ysgrifennydd Gwladol wedi mynd am bryd bwyd gyda'i gilydd a dyna fyddai diwedd y stori.

Heno, mae Aelod Seneddol Caerffili yn ymlacio ychydig ar ôl gwneud datganiad personol yn Nhŷ'r Cyffredin yn ymddiheuro am y "diffyg crebwyll" a arweiniodd at ei ymddiswyddiad o'r Cabinet ac o arweinyddiaeth y Blaid Lafur yng Nghymru.

Wythnos ynghynt, yn ôl ei stori ef ei hun, roedd yn teimlo tyndra mawr oherwydd cyfuniad o bwysau gwaith, salwch ei wraig Christina a'r argyfwng a gododd oherwydd llifogydd yn ardal Caerffili. Fe aeth am dro, sgwrsio â dieithryn ... a dyna ddechrau'r diwedd.

Yn ystod yr un wythnos hon, mae ei fyd wedi newid yn llwyr ac mae'r papurau tabloid wedi cyhoeddi rhes fawr o ensyniadau am ei fywyd rhywiol a phreifat.

Ymhen ychydig oriau, fore dydd Mawrth yr wythnos hon, fe fydd y stori fwya manwl o'r cyfan yn ymddangos ym mhapur y *Guardian*, yn awgrymu, yn groes i haeriad Ron Davies ei hun, fod yna gyd-destun rhywiol i'r digwyddiad ar Gomin Clapham.

Ond heno, wrth gytuno i sgwrs fer gyda *Golwg* ar y ffôn symudol, mae'n swnio'n gadarn ac mae tinc yn ei lais sy'n awgrymu ei fod yn dechrau ymladd yn ôl ...

Ar y pryd, mae'n amlwg ei fod yn ystyried o ddifri y gallai gario ymlaen ac ymladd yr honiadau personol yn ei erbyn. Fe dreuliodd ddeuddydd pan oedd ef a'i gyd-weithwyr agosa yn ceisio pwyso a mesur beth oedd barn pobol o fewn y Blaid Lafur Gymreig. Mae'n honni y byddai wedi cael cefnogaeth fawr.

"Fe lwyddais i ymgynghori'n weddol eang," meddai. "Roedd yr anogaeth yn gry i gario ymlaen ond, yn y diwedd, roedd un ddadl yn ormod – os oeddwn i'n ymddiswyddo fel Ysgrifennydd Cymru, roedd rhaid imi ymddiswyddo o fod yn Brif Ysgrifennydd hefyd.

"Roedd yna ddadl gre y gallwn i gario ymlaen oherwydd y byddwn i'n cael mandad newydd ar gyfer y swydd honno – gan fy etholaeth yng Nghaerffili ac i'r Blaid Lafur yng Nghymru – ond, yn y diwedd, fe benderfynais y byddwn i'n gwneud drwg i obeithion fy mhlaid …

"Fe ddes i'r farn hefyd y byddai'n gwneud drwg i ddatganoli ac roedd hynny'n bwysicach yn y pen draw."

Mae sawl stori wahanol wedi bod am yr hyn a ddigwyddodd y bore Mawrth ar ôl yr helynt. Yn ôl rhai, fe gysylltodd Ron Davies yn syth gyda'r Prif Weinidog; yn ôl eraill, fe gafodd ei alw ar frys i Rif 10.

Fersiwn Ron Davies ei hun yw fod y ddau beth wedi digwydd tua'r un pryd. Erbyn iddo ef gysylltu â Tony Blair i ofyn am gyfarfod, roedd y Prif Weinidog yn galw amdano yntau.

Fe fyddai adroddiadau wedi dod yn syth oddi wrth yr heddlu yn Brixton, trwy uchel swyddogion Heddlu'r Metropolitan yn Llundain, i'r Swyddfa Gartref ac wedyn at Tony Blair ei hun.

Fe ddaeth y penderfyniad yn ystod tua thri chwarter awr o sgwrs gyda Tony Blair ond mae'n dal i fynnu mai ef ei hun a wnaeth y dewis. O ddarllen rhwng llinellau'r hyn y mae'n ei ddweud, fyddai Tony Blair ddim wedi ei gefnogi.

Ebrill 22, 1999

Erbyn iddo ymddeol yn 2009, Joe Calzaghe oedd y paffiwr mwya llwyddiannus erioed yng Nghymru ac roedd Golwg *wedi ei ddilyn fwy nag unwaith tros y blynyddoedd.*

Cwt Calzaghe

Efallai mai Joe Calzaghe yw Pencampwr Pwysau Canol Uwch y Byd, ond mae'r cwt sinc bychan ym mhentre Trecelyn ble y bydd e'n ymarfer yn gwneud yn siŵr fod y dyn o ddur yn cofio am ei wreiddiau yn Sir Fynwy.

Yno, heddiw, a hithau'n eira y tu allan, mae ei ddwylo cnotiog mewn cadachau, wrth iddo baratoi ar gyfer dechrau gweithio – bocsio yw'r unig job y mae e'n gallu ei gwneud, meddai, ac eisiau ei gwneud, o ran hynny.

Mae'r corff cyhyrog 12 stôn yn dechrau cynhesu yn ara deg, cyn i'r dwylo piston ddechrau ymosod ar y bagiau a'r sachau sy'n hongian yma ac acw o'r to yn y 'cwt breuddwydion'. Pe bai'r bagiau hynny yn ddynion, fe fydden nhw'n griddfan bellach …

Mae Joe Calzaghe wedi ymarfer yma ers 15 mlynedd bellach – trwy'r dyddiau amatur disglair pan enillodd dri theitl Cymdeithas Focsio Amatur yr ABA yn olynol, a hynny mewn tri chategori pwysau gwahanol.

Mae'r lle'n llawn atgofion iddo ac mae ei ymddangosiad proffesiynol cynta ar yr un bil â Frank Bruno a Lennox Lewis ym Mharc yr Arfau yn 1993 yn dal i'w gyffroi. Wnaeth ei wrthwynebydd y noson honno, Paul Hanlon o Birmingham, ddim para'r rownd gynta hyd yn oed.

Ond dyw'r cwt bach glas yn ddim mwy na chysgod elfennol a lle i osod sgwâr bocsio ar gyfer y pencampwr a'r paffwyr gobeithiol eraill sy'n ymladd yng nghanol rhamant chwyslyd *knockouts* y gorffennol.

O'i gwmpas yn pwnio bagiau yn yr un ffordd â'u harwr, mae bechgyn ifainc lleol sy'n dod draw erbyn hanner awr wedi pedwar bob dydd i ymarfer. Enzo Calzaghe, tad Joe, yw'r hyfforddwr sydd yno i gynnig cyngor, fel y gwnaeth i'w fab.

"Mae pob ffeit yn un anodd nes ei bod hi wedi ei hennill," meddai Joe Calzaghe. "Mae Enzo yn gwneud yn siŵr fy mod i'n ymarfer yn galed, dim ots pwy yw'r gwrthwynebydd, a dw i'n paratoi 100% ar gyfer pob bowt. Dyna pam mai fi yw'r bocsiwr pwysau canol uwch gorau yn y byd heddi."

Mae ei dad yn nodio wrth ei ochr, cyn dechrau siarad.

"Weithiau fe fyddwn ni'n ffraeo yn y *gym* ond mae Joe yn hollol broffesiynol ac mae e'n gwybod be sy'n rhaid iddo fe ei wneud i gadw ei deitl," meddai Enzo Calzaghe.

"Does yna ddim ail safle mewn bocsio – dim ond enillwyr a chollwyr – a dyw collwyr ddim yn cael y cyfle i fod yn bencampwyr."

Mae ei eiriau yn llithro mas mewn cymysgedd o acen Sardinia a gogledd Llundain a'r acen honno sydd i'w chlywed yn atsain yng nghorneli'r gampfa fechan – yn ysbrydoli'r bechgyn ifainc, yn eu canmol nhw, neu'n pwyllo'r rheiny sy'n meddwl y gallan nhw gael gwared â'u rhwystredigaethau personol wrth wisgo menyg bocsio.

Wrth edrych ar y shed o adeilad o'i gwmpas, Joe Calzaghe yw'r cynta i gyfadde nad yw hi wastad wedi bod yn hawdd i gyrraedd y safonau uchel yn y fath le. Mae yna gynlluniau i symud i rywle arall, meddai – "Fe fyddai hi'n neis cael rhai o'r pethau sylfaenol, fel toiledau a dŵr tap ac efallai hyd yn oed sustem wresogi.

"Er fod gen i rai atgofion melys o fy nyddiau ysgol i, a throi lan i ymarfer yn y gaea gyda'r menyg a'r bagiau hen ffasiwn, fe fydden i'n dod yma weithiau ac yn gwisgo'r menyg ac fe fydden nhw wedi rhewi'n soled, a'r oerni'n treiddio trwodd i'ch bysedd chi.

"Ond fe fydda i yn colli'r hen le yma pan fyddwn ni yn symud mas yn y diwedd – mae e'n golygu shwt gymaint i fi."

Mawrth 11, 1999

Rhys Ifans oedd un o do newydd o actorion Cymraeg a ddechreuodd wneud enw mawr rhyngwladol iddyn nhw eu hunain. Ac ef oedd y mwya lliwgar – fel y ffeindiodd Golwg.

Rhwng dau fyd

Doedd yr actor Rhys Ifans ddim yn poeni o gwbl ynglŷn â rhannu'r sgrîn gyda'r dduwies ffilm Julia Roberts. Hyd yn oed yn ei drôns.

Mae'r Cymro o Ruthun wedi cael rhannau mwy brawychus – gefaill sy'n gaeth i gyffuriau ac alcoholic sy'n cael ei gyhuddo o ladd plentyn. Doedd wynebu un o dduwiesau'r sgrîn yn y ffilm newydd *Notting Hill* yn cynhyrfu dim arno.

"Dw i'n chwarae fflatmêt Hugh Grant, *the mate from hell,* 'lly," meddai Rhys Ifans. Mae'n mygu'n hir ar ei sigarét yn nhafarn y White Hart, ei *local* yn Waterloo, Llundain. "Dw i'n chwarae'r boi hylla, mwya *smelly* sydd erioed wedi bod ar wyneb daear.

"Sgotyn oedd o pan es i'w gweld nhw gynta. Ddaru nhw ofyn 'What do you think about the part?' a wnes i ddeud 'He's definitely not Scottish.' So wnes i endio i fyny yn ei chwarae fo. Doedd o ddim yn rhan anodd. Fi sgin jôcs

budr y ffilm i gyd. Roedd o'n grêt, do'n i ddim yn *phased* o gwbl.

"Dw i'n meddwl bod Julia Roberts yn fwy *intimidated*! Dw i'n gwario'r rhan fwya o'r ffilm mewn pâr o hen drôns llwyd sydd heb gael eu golchi. Roedd hi'n gweld fy nhin i *on a daily basis*, 'lly! Dyna'i gyd oedd hi'n gweld yn y gwaith oedd fy nhrôns, yn mynd 'How are you?! Orite Julie!'

"Doedd hi ddim yn cymysgu ar ôl gwaith – roedd hi'n mynd off at ei *nutritionist,* mae'n siŵr! Mae ei gwên hi'n mynd rownd cefn ei phen hi; roedd hi'n hyfryd iawn, ond roedd hi *obviously* o fyd arall. Ond dw i'n siŵr ei bod hi'n meddwl fy mod o fyd pellach fyth."

Wrth dyfu i fyny yn y 70au, roedd dyheu am fod yn actor mor afresymol â dyheu am fod yn astronôt ac felly roedd Rhys Ifans yn breuddwydio am fod yn ffarmwr – nes sylweddoli bod y rheiny'n codi'n gynnar.

Y trobwynt oedd ymuno â chwmni ieuenctid

Theatr Clwyd yn 13 oed. "Ddechreuodd fy niddordeb mewn actio pan wnes i ffeindio allan ei fod o'n reit hawdd. Un, roedd o'n esgus i ddod allan o'r ysgol a, dau, roedd o'n gyfrwng i sianelu fy nangos-fy-hun-dra.

"Yn y theatr ieuenctid, roedd yna bobol o dros y lle i gyd, o gefndiroedd gwahanol iawn efo un diddordeb. Mi oeddet ti'n cael dy drin mwy fel oedolyn na rhywbeth i gario baton y Gymraeg i mewn i'r ganrif nesa – torri rheolau, cael smocio – mae rhyw *perks* bach fel'na'n bwysig iawn pan ti'n un deg chwech.

"Roedd o'n dysgu hunanddisgyblaeth hefyd – roedd y ddisgyblaeth yr oeddet ti'n ei chael yn yr ysgol i wneud efo peidio mynd i mewn i drwbwl. Ond os nad ydw i'n ddisgybledig ar y llwyfan neu yn fy ngwaith, dw i'n mynd i edrych fel *prick*."

Mae'r llygaid gwyrdd yn disgleirio'n ddireidus a'r dwylo main, â'u hewinedd wedi eu cnoi, yn gwneud stumiau fel pe bai'n rheoli traffig. Does dim arlliw o'r seren fawr, hyd yn oed un sydd ar fin gwawrio.

"Mae'r wasg yn rhoi'r syniad ohona i fel rebel a dw i'n chwarae i fyny i hynna," meddai. "Mae'n gynhenid yndda i i gambihafio, ond mae cael dy alw'n rebel yn rial noson lawen o label.

"Fel dw i 'di bod erioed, *what you see is what you get*. Dw i'n landio i fyny yn gweithio efo pobol sydd eisio gweithio efo fi am pwy ydw i. Yn y pen draw mae'n talu ffordd i sticio at fod yn beth bynnag wyt ti."

Mehefin 22, 2000

Roedd yna gymdeithas newydd yn datblygu yng Nghaerdydd. Os oedd y Gymraeg yn colli tir yng nghefn gwlad, roedd hi'n ennill yn y ddinas. Roedd un stori yn Golwg *yn sôn am gŵynion pobol leol am 'fewnlifiad' y Cymry o'r wlad. Roedd ymchwiliad arall yn codi ofnau am ddefnydd cyffuriau.*

"Mae pawb yn cymryd cocên"

Mae athrawon a chyfryngis Caerdydd yn defnyddio'r cyffur cocên yn rheolaidd, ac mae rhai o glybiau mwya poblogaidd y brifddinas yn fodlon gadael i hynny ddigwydd yn hollol agored.

Yn ôl 'Dafydd', Cymro Cymraeg a defnyddiwr cocên ifanc a oedd yn fodlon siarad â *Golwg* yn ddienw, mae'r cyffur dosbarth A yn prysur gymryd lle alcohol pan fydd Cymry ifanc dosbarth canol Caerdydd ar noson allan.

Mae'n dweud ei fod yn gyson yn gweld cyflwynwyr rhaglenni, cyfreithwyr, athrawon a gweithwyr eraill yn y cyfryngau yn sniffian y powdwr gwyn er mwyn ennill hunanhyder drosdro. Mae rhai, meddai, hyd yn oed yn defnyddio'r cyffur yn y gwaith.

Bythefnos yn ôl, pan oedd lluniau o drwyn disiâp yr actores opera sebon Daniella Westbrook wedi eu plastro ar hyd tudalennau blaen papurau tabloid Llundain fel rhybudd yn erbyn sugno cocên trwy'r trwyn, fe fu farw'r gŵr ifanc a oedd yn gwerthu cocên i rai o Gymry Cymraeg y brifddinas.

Er nad yw'r cwest wedi ei gynnal eto, roedd corff 28 oed Gerard Bishop wedi ei ffeindio ar ôl penwythnos trwm o gymryd cyffuriau. Yn ôl ei ffrindiau, roedd e'n aml yn diflannu am ddyddiau ac yn cymryd cymysgedd o gyffuriau.

Doedd hynny hyd yn oed ddim yn ddigon i sobri defnyddwyr Caerdydd – wedi'r sioc wreiddiol, meddai Dafydd, y cwestiwn nesa oedd gan bwy y bydden nhw'n cael eu 'stwff' nesa?

Yng Nghaerdydd, meddai, mae digon o werthwyr, ac mae'r defnydd o gocên bellach yn parhau fel erioed.

"Mae yna gannoedd yn ei wneud o, a dydi o'n ddim byd sy'n codi ofn ddim mwy yng Nghaerdydd," meddai Dafydd, sydd yn ei ugeiniau ac sydd â'i dad yn brifathro a'i fam yn athrawes.

"Yn y toilets chi'n sylwi yn benna," meddai Dafydd, "achos mae yna giw aruthrol o hir i gael mynd i'r ciwbicls dynion, ac mae'r cafn piso'n hollol wag.

"Allwch chi wneud sŵn efo'r papur a fflyshio'r tsiaen, ond rîli allwch chi ddweud pwy sydd wironeddol eisie iwsio'r toilet a phwy sydd am top-yp o côc.

"Allwch chi fod yn reit paranoid hefyd, ond weithie mae yna rai sydd erbyn hyn yn hollol *complacent* ac yn cadw drws y ciwbicl ar agor ac yn dod allan o fewn munud i fynd i mewn …"

Gyda'r hyder newydd y mae cocên yn ei roi, mae yna arwyddion eraill hefyd, yn ôl Dafydd. Mae cannwyll y llygad yn fawr, fawr, ac mae rhai yn siarad yn drwynol ar ôl sniffio'r stwff.

Er nad yw Dafydd yn credu bod cocên yn caethiwo, mae'n cyfadde bod angen mwy a mwy ohono i greu'r effaith wefreiddiol gynta.

Mae Dafydd eisiau rhoi'r gorau i'r cyffur, ond all e ddim gofyn am gefnogaeth ei rieni – dydyn nhw ddim yn gwybod ei fod e a nifer fawr o bobol ifanc broffesiynol Caerdydd sydd ag arian i'w wastraffu yn cymryd cocên.

"Does dim syniad ganddyn nhw fod hyn yn mynd ymlaen ers i mi symud i Gaerdydd," meddai Dafydd. Wrth sôn am ei rieni, mae ei ben yn gostwng. "Er 'mod i am beidio rŵan, allen i byth gyfadde iddyn nhw."

Rhifyn y Mileniwm

Tros y blynyddoedd, mae'r darlledwr Gwilym Owen wedi bod yn golofnydd bachog. Ar droad y Mileniwm newydd, mi drodd at un o'i hoff bynciau …

Gobaith hen gojar

Ar drothwy'r flwyddyn dwy fil, mae gen innau fy ngobeithion. Mae llawer ohonyn nhw'n bethau personol na fynnwn am funud eu rhannu â darllenwyr y golofn hon. Ond mae yna bethau eraill yr ydw i yn dymuno eu gweld yn digwydd yn ystod blynyddoedd cynta'r ganrif newydd. Pethau sy'n ymwneud â'r Gymru fach Gymraeg yma yr ydan ni yn byw ynddi hi.

Mi garwn i weld Cymreictod yn datblygu unwaith eto i fod yn eiddo i bob haen o gymdeithas. Yr un peth sy'n peri gofid parhaus i mi y dwthwn hwn ydi'r duedd sydd wedi datblygu ers dau ddegawd i sianelu Cymreictod i afon y dosbarth canol a'r dosbarth uwch.

Mae yna dystiolaeth yn dod i'm sylw i, yn ddyddiol bron, fod yna is-ddosbarthiadau yn y gymdeithas Gymraeg sy'n credu nad ydi'r iaith a'r diwylliant yn perthyn iddyn nhw. Mae yna rywbeth hagr a sarhaus wedi llithro i mewn i'r gymdeithas sydd wedi dieithrio carfan helaeth o bobol oddi wrth y Gymraeg.

Ond sut y mae hynny wedi digwydd? Ar un lefel, mae'r ateb yn ddigon amlwg ac mae rhan fawr o hwnnw yn disgyn ar ysgwyddau Llywodraeth Dorïaidd Margaret Thatcher a John Major a'u gweinidogion nhw yn y Swyddfa Gymreig.

Mi lwyddon nhw i greu math newydd o Gymry Cymraeg, a hynny trwy brynu tawelwch y dosbarth deallus a dysgedig yn ein plith, trwy daflu miliynau o bunnau'n flynyddol ar brosiectau a oedd i fod i achub, cynnal a chadarnhau yr iaith Gymraeg.

Oherwydd y gwendid cynhenid sydd ynom ni fel cenedl, fe lwyddodd Torïaid Llundain i greu dosbarth cyfalafol ymhlith darpar brotestwyr. Ac o gofio bod cynifer ohonyn nhw'n genedlaetholwyr o ryw fath, roedd hi'n dasg weddol hawdd. Dydi gwerthu cyfalafiaeth ddim yn anodd i griw sydd o anghenraid yn coleddu syniadaeth asgell dde geidwadol a hunanol.

A bellach, mae'r dosbarth hwnnw mewn sefyllfa i dra-arglwyddiaethu yn y gymdeithas Gymraeg. Maen nhw'n hyderus hunangyfiawn

yn eu hagweddau. Maen nhw'n mynd ati i
sicrhau mai dim ond y rheiny sydd yn barod
i blygu i'w hathroniaeth nhw sydd yn cael
lle yn yr haul Cymreig. Mae ganddyn nhw y
grym i sicrhau bod eu credoau nhw yn cael eu
gweithredu ar bob achlysur. Yn wir, mae'r Cymry
newydd dosbarth canol a dosbarth uwch yma yn
gymaint o *control freaks* ag ydi Blair a'i griw yn
Nhŵr Millbank.

Mae pob tystiolaeth yn cadarnhau bod
gafael y dosbarth hwn bellach yn ddi-ollwng.
Mae nepotistiaeth yn rhemp. Mae'r dystiolaeth
i'w chanfod ar ein sgriniau teledu lle mae
teuluoedd cyfain yn godro'r fuwch o Lanisien
[S4C]. Mae'r un dystiolaeth i'w gweld mewn
bywyd cyhoeddus – hogia ni ydi'r rheiny sydd
yn cyrraedd pen yr ysgol. A Duw a'ch gwaredo
os codwch chi lais yn eu herbyn nhw. Maen nhw
mor gyfforddus braf yn eu nefoedd, sy'n creu
cyfoeth personol i bob un ohonyn nhw, a hynny
ar sail eu Cymreictod …

Ydi, mae hi'n sefyllfa ofnadwy o drist.
Bellach, mae'r dosbarth a gadwodd yr hen iaith
yma'n fyw wedi cael ei esgymuno. Ac yn ôl
ffigyrau diweddar a gyflwynwyd i'r Cynulliad
Cenedlaethol, mae yna dystiolaeth nad yw eu
plant nhw yn dymuno defnyddio'r Gymraeg.
Mae plantos y cadarnleoedd rhwng 7 a 10 oed
yn troi at y Saesneg. A does neb i'w weld yn
poeni. Tra bod yr etholedig rai, am resymau cwbl
hunanol, yn cofleidio'r Gymraeg, mae lle i gredu
bod gwerin gwlad yn cilio.

Mawrth 8, 2001

Gan Golwg *yr oedd yr unig golofn-ar-gynghanedd yn y byd. Ar ôl cyfrannu colofn ryddiaith am flynyddoedd, fe drodd Dic Jones at roi ei farn ar gân yn 'Bardd ar y Byd'. Ac roedd trafferthion clwy'r traed a'r genau'n agos at ei galon wrth i fywyd cefn gwlad fynd yn agos at ddod i stop …*

Pryder

Mae'r Clwy am y cwm a'r clos,
A'i fwg yn hunllef agos
Hyd y wlad wedi'i ledu
Yn rhaff o dân, yn gyrff du,
Cyn cael amser, yn lle'r llall,
I'w chlirio o'i chlwy arall.

Aeth amaeth yn ddisymud,
Mae'r llociau ar gau i gyd.
Cae mart heb gart ar ei gwr
Na pheiriannau na phrynwr
Yng ngwarchae cyfwng erchyll
Difater driger y dryll.

Rhag coelcerth y rhyferthwy
O ble daw ymwared mwy
I wlad? Ai rhaid fydd cloi drws?
Ai'n hyfory yw'r feirws?

Bolygfa anarferol adeg cyhoeddi Eisteddfod Genedlaethol Casnewydd 2004 – yr Orsedd a dawnswraig.
Llun: Jeff Morgan

Un o'r anghydfodau diwydiannol hwya yn hanes Cymru – y cloi allan yn Friction Dynamics, Caernarfon, a barodd am dair blynedd.

Llun: Gerallt Llewelyn

Awst 23, 2001

Er gwaetha clwy'r traed a'r genau, a arweiniodd at ganslo Eisteddfod yr Urdd, fe aeth yr Eisteddfod Genedlaethol yn ei blaen, yn llai nag arfer ond yn fwy cofiadwy na llawer.

Hon yn creu hanes

Doedd dim rhaid bod yn y Pafiliwn ddydd Gwener Awst 10, 2001 i deimlo'r wefr pan gododd 'Llygad y Dydd' i alwad y Corn Gwlad yn seremoni gadeirio Eisteddfod Dinbych.

Roedd ymateb y gynulleidfa yn yr eiliadau cyn i'r camerâu teledu ganfod y bardd buddugol yn ei gwneud hi'n glir hyd yn oed i wylwyr gartre bod rhywbeth arbennig yn digwydd.

Wrth godi, roedd Mererid Hopwood, mam i dri o blant o Langynnwr, Caerfyrddin, yn sicrhau lle iddi hi ei hun yn y llyfrau hanes a churo o leia un prifardd profiadol yn y broses.

Wythnos yn ddiweddarach y mae'r cynnwrf yn parhau i'r ferch gynta erioed i ennill Cadair yr Eisteddfod Genedlaethol. Mae'r ffôn yn danboeth a'r balŵns a'r baneri yn dal i chwifio y tu allan i'r tŷ – pawb "heblaw y postmon" yn ymfalchïo yn llwyddiant Mererid Hopwood.

Stori syml a mynegiant syml – ar yr wyneb o leia – sydd yn yr awdl a ddaeth â'r holl sylw iddi. Mae hefyd yn amlwg bellach iddi gystadlu am y Gadair yn Eisteddfod Genedlaethol Ynys Môn ddwy flynedd yn ôl gydag awdl arall am brofiad mam.

Chwe blynedd sydd ers i Mererid Hopwood ddechrau dysgu cynganeddu yn nosbarthiadau nos Tudur Dylan Jones ond roedd hi wedi gwirioni ar farddoniaeth erioed, boed yn Almaeneg, Sbaeneg, Saesneg neu Gymraeg.

Er hynny, y gynghanedd sy'n gosod barddoniaeth Gymraeg ar wahân. "Dw i wastad wedi ymfalchïo yn y ffaith bod y grefft yma gyda ni, ond o'n i ddim yn ei deall hi'n hunan," meddai.

Ymunodd â sesiynau cynganeddu Ysgol Farddol Caerfyrddin yn fuan ar ôl symud yn ôl i Gymru o Loegr lle bu'n darlithio ym Mhrifysgol Llundain. O'r cychwyn cynta roedd yn ddisgybl brwd.

"Wnes i golli'r dosbarth cynta ond fe aeth ffrind i mi ac mi ges i ei nodiade. Erbyn yr ail wers o'n i wedi gwneud y gwaith cartre. O'n i'n awyddus ofnadw, a fydda i byth yn colli gwers.

"Felly, OK, dim ond chwe blynedd sydd wedi bod, ond maen nhw wedi bod yn chwe blynedd *intense* ofnadw … dw i wedi gwrando a holi a darllen. Dw i'n siŵr mai fi yw poen y dosbarth.

"Mae'n eitha tipyn o *commitment* mewn tŷ â thri o blant, bob yn ail ddydd Mercher, a sicrhau bod eich gŵr chi adre mewn pryd i gael mynd. Ond dydw i ddim yn perthyn i gôr a dw i ddim yn gwneud *aerobics*. Dyma yw fy hobi."

Mae hithau'n falch fod y 'myth' wedi chwalu o'r diwedd fod cynganeddu y tu hwnt i ferched.

Diffyg traddodiad sy'n benna gyfrifol am y ffaith fod cyn lleied o ferched yn mentro, meddai hi, yn hytrach na diffyg gallu.

"Mae yna ferched wrthi'n awr ond, hyd y gwela i – a dydw i ddim yn awdurdod – dydi'r traddodiad ddim wedi bod yn hir dymor."

Yr her nawr, meddai, yw i ferch gipio'r Goron a'r Gadair. "Dw i'n aros nawr a rhoi pwysau ar fy ffrindiau i fod y ferch gynta i wneud y dwbwl," meddai. "Nid fi fydd honna, achos dw i'n methu sgwennu pryddest i safio fy mywyd!"

Fe enillodd Mererid Hopwood y Goron yn 2003 – gyda phryddest – a'r Fedal Ryddiaith yn 2008.

Hydref 19, 2000

Fwy nag unwaith, fe gyhoeddodd Golwg *gyfweliad ffarwél-i-ganu gyda Dafydd Iwan. Er gwaetha'r fersiwn yma ar droad y Mileniwm, mae'r canwr yn dal i fynd yn 2013 ...*

Cân ffarwél

Does dim un cyngerdd arall ar ôl yn nyddiadur Dafydd Iwan, ond dyw'r tudalennau ddim yn wag chwaith.

Ar ôl ei gig ola yn Llanelwedd dros y Sul, mae'r canwr a'r cynghorydd a'r pregethwr a'r rheolwr cwmni a'r gŵr sy'n byw ym mhentre Caeathro ger Caernarfon yn bwriadu canolbwyntio ar y pethau hynny sydd wedi cael eu hanwybyddu ar hyd y blynyddoedd.

"Yn y diwedd, roedd rhaid rhoi'r gorau iddi. Roedd teledu a radio yn troi fyny mewn mwy a mwy o nosweithiau, ac ro'n i'n teimlo eu bod nhw'n cael yr un peth bob tro. Roedd o'n dechrau mynd yn embaras. Doedden nhw ddim yn poeni, ond ro'n i.

"Weithiau, ro'n i'n diflasu fy hun ac yn mynd i rwtîn, a weithiau roedd y gynulleidfa'n mynd i rwtîn hefyd, yn codi eu breichiau yn yr un darn o hyd. Roedd o'n dechrau fy mlino i bod y peth yn mynd yn arferiad ac yn ffasiwn yn lle rhywbeth go iawn.

"Dw i'n mynd i golli'r canu, does dim dwywaith am hynny, a'r egni y mae canu'n ei roi i rhywun.

"Does dim teimlad tebyg i berfformio o flaen cynulleidfa sy'n mwynhau ac yn ymateb yn dda a phan mae'r gân, y cyfeiliant a phopeth yn gweithio'n dda.

"Dyna rai o'r teimladau gorau dw i wedi eu cael yn fy mywyd. Mae'n deimlad gwych a dw i'n mynd i'w golli, ond cyn hir fe fydda i'n 60 oed, a rhaid i fi sylwi na alla i wneud popeth ...

"Dwi wedi cwrdd â phobol ifanc yn ddiweddar oedd yn edrych arna i fel petaen nhw'n edrych ar ysbryd, achos eu bod nhw wedi clywed eu taid a'u nain yn sôn am y Dafydd Iwan yma, ac roedden nhw'n meddwl naill ai 'mod i wedi marw neu'n hen ar y diawl!"

Mawrth 1, 2001

Am gyfnod byr, roedd gan Gymru iaith newydd – iaith tecstio ar ffonau bach. Fe gafodd ffurfiau byr eu dyfeisio er mwyn arbed arian. Fe ofynnodd Golwg i awduron ddefnyddio'r iaith i greu stori. Dyma ddrn tcst.

Sgn t ngs?

gan Meleri Wyn James

Yr allwedd

d = dyn
g = gwraig
c = cariad
) = hapus
(= trist
@>; – = rhosyn
<3 = calon
0 = yn gweiddi
,(= yn crio

Y ddrama

d: f <3 t)
g: hwyr heno
d: eto??? (
g: sri. tta!
d: hia)
c: hi)
d: t n scsi hddi
c: dilch, mchn bch
d: f <3 t, scsi. t <3 f? @>;–
c: <3 <3 t, mchn bch. ond gwaith …!
g: cofia llaeth
d: oce
d: mchn bch yn clli t …)
c: clli t)
d: helo … (
d: mchn bch ise ti …
c: ise ti
d: … HELO! 0
g: … HELO!! 0
d: ? w t ?
g: GWAITH!!!
d: heno?
c: be m hi?
d: clli t. pryd heno?
g: hwyr
d: hwyr, hwyr?)
g: hwyr, hwyr …
d: hi n hwyr. f <3 t – mchn bch (…
d: ble yt ti?!!! ,(
c: f yma!!!
d: be m ngs?
c: pa ngs???
d: BLCS! 0
d: hlo?
g: hlo, mchn bch … (
d: mchn bch???
g: ngs t!!! 0
d: f <3 t. cofio llaeth @>:–
g: llaeth n sur

93

Mehefin 22, 2000

Fe siaradodd y gantores Gwenda Owen am ei brwydr lwyddiannus yn erbyn canser ...

Gobaith y gân

Fe fydd Gwenda Owen yn camu'n ôl i'r llwyfan yr wythnos yma, am y tro cynta ers iddi glywed bod ganddi ganser y fron.

Mae'n agos i flwyddyn ers i'r gantores o Gwm Gwendraeth gyrraedd adre ar ôl perfformio yn Eisteddfod Genedlaethol Môn i glywed neges wrth yr ysbyty ar y peiriant ateb yn dweud bod cysgod ar y sgan.

Mae hi nawr wedi penderfynu ailgydio yn y meicroffon a'r gitâr, a wynebu'r dilynwyr hynny sydd wedi bod yn gymaint o gefn iddi trwy ei salwch.

"Mae e'n gam mawr i'w wneud, ac yn un emosiynol iawn i fi," meddai Gwenda Owen mewn llais hyderus.

"Er 'mod i wedi addo i'n hunan 'mod i ddim yn mynd i wneud gormod, dw i'n teimlo bod 'na ddim pwrpas mewn eistedd 'nôl a gwneud dim byd.

"Os oes un peth dw i wedi ei ddysgu drwy'r salwch, bod yn rhaid cadw i fynd yw hynny, felly dw i wedi bod yn trio canu tamed bach yn y tŷ bob nawr ac yn y man ...

"Dw i wedi hiraethu am y gynulleidfa a'r llwyfan," meddai, "a meddwl am ganu eto oedd yn fy nghadw i fynd pan o'n i'n sâl. Dim ond pedair neu bump cân fydda i'n perfformio – jyst digon i dorri'r ias.

"Mae'n rhaid i fi gael amser i gryfhau yn gorfforol ac yn feddyliol achos pan mae rhywbeth fel hyn yn digwydd i chi, mae e'n sioc fawr.

"Mae'n rhyfedd, achos dw i'n teimlo nawr bod dau fywyd gyda fi – un cyn y canser ac un ar ei ôl e, ac mae bob dydd yn fonws nawr achos dw i wedi cael ail gyfle."

Tachwedd 1, 2001

Trwy'r 90au, roedd Golwg *wedi rhoi sylw cyson i gyfresi teledu* Pam Fi Duw? *– gwaith John Owen, athro drama o Ysgol Rhydfelen. Roedd doniolwch a gonestrwydd y gyfres yn taro tant gyda siaradwyr Cymraeg newydd y Cymoedd a'r ysgolion Cymraeg. Yn 2001 daeth hi'n amlwg beth oedd y gost – fe laddodd John Owen ei hun ar ôl cael ei gyhuddo o dreisio a cham-drin bechgyn yn rhywiol. Fe arweiniodd hynny at ymchwiliad pwysig gan Gomisiynydd Plant Cymru. Fe fu* Golwg *yn siarad gyda thad un o'r bechgyn a gafodd ei ddal yng ngwe'r athro drama ...*

"Ro'n i ar fai ..."

Mae tad bachgen sy'n honni iddo gael ei gam-drin gan y diweddar athro drama John Owen wedi siarad am ei deimlad o euogrwydd am adael i John Owen ddod yn ffrind agos i'r teulu.

Mae'r gŵr, sydd am aros yn ddienw er mwyn amddiffyn ei fab, wedi sôn am y ffordd yr oedd John Owen yn ffitio i'r "darlun clasurol" o bedoffil – yn dod yn ffrindiau gyda'r plant a'u teuluoedd, ac yna'n defnyddio pob cyfle posib i'w cam-drin.

Dyw mab y gŵr a fu'n siarad â *Golwg* ddim yn un o'r pedwar gwreiddiol a wnaeth gyhuddiadau troseddol yn erbyn John Owen, ond mae wedi rhoi tystiolaeth i'r heddlu erbyn hyn.

Mae'r tad yn credu bod hyd at 20 o gyn-ddisgyblion Ysgol Gyfun Rhydfelen bellach wedi siarad â Heddlu De Cymru, er nad oedd yr heddlu eu hunain yn fodlon cadarnhau na gwadu hynny.

Fe gafodd John Owen ei ffeindio'n farw mewn carafán ym Mhorthcawl, ddiwrnod wedi iddo fethu ag ymddangos yn Llys y Goron, Caerdydd.

Roedd e'n wynebu cyhuddiadau o dreisio ac ymosod yn anweddus ar fechgyn ifainc tra oedd yn athro yn Ysgol Gyfun Rhydfelen rhwng 1975 ac 1992 a'r gred yw ei fod wedi gwneud amdano'i hun.

"Be wnaeth John Owen oedd dod yn ffrind i'r teulu, a defnyddio hynny, ynghyd â'i waith yn yr ysgol, i gam-drin y plant," meddai'r tad ... Mae'n siarad yn bwyllog mewn llais sy'n crynu.

"Does gyda fi ddim amheuaeth mai dyna wnaeth e – fydde'r dynion hyn nawr ddim yn gwneud hyn lan ... dw i'n gwybod y cafodd llawer o blant eu cam-drin. Roedd y plant yn ifanc, roedd hi'n sefyllfa mor gymhleth ac anodd, ac roedd gan y plant ofn dweud beth oedd yn digwydd wrth eu rhieni. Roedd e'n eu bygwth nhw, *emotional blackmail* …

"Roedd y diwrnod pan ddaethon ni i wybod beth oedd wedi bod yn mynd ymlaen yn ofnadw, ro'n i a fy ngwraig yn gorfod gweld bachgen sydd bron yn 30 oed yn crio yn ddi-stop …

"Dyna pam dw i'n grac iawn â'r rhai sydd wedi bod yn amddiffyn John Owen. Maen nhw'n hollol ddall i bopeth sydd wedi ei ddweud ynglŷn â beth oedd yn digwydd, ac maen nhw'n cwestiynu gonestrwydd y plant.

"Mae'r bechgyn hyn wedi cadw'r gyfrinach yma am flynydde, ac maen nhw wedi ystyried yn hir cyn dweud dim, a dyna pam fy mod i'n bendant fod y pethe hyn wedi digwydd."

Mae gan y tad ddau reswm dros deimlo'n euog, meddai. Y cynta yw'r ffaith iddo fethu â sylwi sut oedd John Owen yn defnyddio cyfeillgarwch i'w gwneud hi'n anodd i'w fab siarad mas am y cam-drin.

Yr ail reswm yw iddo ef ei hun amddiffyn John Owen pan wnaed cwynion yn erbyn cynnwys anaddas ei wersi yn 1991.

Mae'r llais yn torri wrth i'r tad gyfadde nad yn yr ysgol yn unig yr oedd y cam-drin yn digwydd. "Roedd y cam-drin yn digwydd y tu allan i'r ysgol hefyd … mewn gweithgareddau … digwyddiadau … oedd …"

Ond mae'r llais yn cryfhau eto wrth iddo sôn am y camau nesa y bydd y bechgyn yn eu cymryd. Mae'n addo y byddan nhw'n pwyso am ymchwiliad, ac yn mynd yn gyhoeddus.

" … fe fyddan nhw'n dweud be ddigwyddodd mewn ffordd fydd yn synnu'r cyhoedd."

golwg ar bum mlynedd
2003–08

Y prif ddigwyddiadau

Daeth gair newydd yng ngeirfa gyfarwydd y byd – tswnami – ar ôl i'r don anferth ladd 230,000 o bobol o amgylch Cefnfor India ar ôl daeargryn.

Tro Llundain oedd hi i gael ymosodiad terfysgol mawr – ym mis Gorffennaf 2005 – ac arweiniodd y dadlau tros ddechrau rhyfel terfysgol Irac at argyfwng i Lywodraeth Prydain. Taflodd hynny gysgod tros ddwy flynedd olaf Tony Blair yn Brif Weinidog.

Bu farw dau 'arwr cenedlaethol' – cyn-Lywydd Plaid Cymru, Gwynfor Evans, a'r chwaraewr rygbi Ray Gravell.

Roedd yna symud ymlaen eto o ran datganoli – mesur newydd i gynyddu hawliau deddfu'r Cynulliad (yn ei adeilad newydd sbon) a Refferendwm arall pan bleidleisiodd pob ardal ond Sir Fynwy o blaid y cryfhau. Ar ôl clymblaid Llafur-Democratiaid Rhyddfrydol yn y cyfnod cynt, daeth clymblaid rhwng Plaid Cymru a Llafur a pharhau am dymor cyfan.

Roedd yna islais o ddadleuon cyson – tros gau ysgolion bach (yn arbennig yng Ngwynedd), tros wrthwynebiad rhai ardaloedd i ddatblygu siopau mawr fel Tesco, tros ddatblygiadau tai anaddas a thros yr ateb i glefyd y diciâu mewn gwartheg.

Roedd *Golwg* yn lliw i gyd am y tro cyntaf … a cherrig yr Orsedd yn blastig i gyd hefyd.

ISSN 0969-9295

golwg

cyfrol 17 | rhif 8 | hydref 21 | 2004

bob dydd iau

£1.25

Nofel ein
rhyfel ni
cyfrol newydd
Angharad Tomos

Tanni
Grey-Thompson
a'i barn ar rasio, twyllo a chyffuriau

**Gwaith a gêm
bêl-droed**
Pwyliaid a hiliaeth
Ceredigion

**Sŵn egni ar y
gwynt?**
Cymru a mwy
o'r melinau

golwg

cyfrol 17 | rhif 38 | awst 2 | 2005

bob dydd iau

Dudley'n
dathlu deg
portread

Marw a iechyd
meddwl –
ble mae'r bai?

Hufen
Cymru!

golwg

cyfrol 18 | rhif 17 | rhagfyr 22 | 2005

**bob
dydd iau**

Sgorio yn
Abertawe
blwyddyn
Owain Tudur Jones

Flying Pickets
a Chwmderi
job newydd
Brian Hibbard

Wedi'r
floedd ...
beth am
blasu syrjeri?

Dolig
yn Pesda
gig arbennig
Cerys Matthews

Hen ddyn y Nadolig
a yw Sion Corn
wedi colli ei hud?

Gofal henoed ... neu gyflogau teg?

Mewnfudo - pobol Cymru yn 'diflannu'

Caffi Clettwr yn ailagor

Pwy sy'n prynu ffermydd Llŷn?

golwg

Cyfrol 19 | Rhif 17 | Ionawr 11 | 2006

Ceidwadwyr yn llygadu sedd Lembit

Uno dwy ynys? Abergwaun a Wexford yn closio

Sefydlu cwmni arwyddion Cymraeg cywir

Nia Roberts – actores "anweledig"

£1.50

ISSN 0969-9295

02 >

9 770969 929049

Glyn Dŵr
cerflun newydd, Corwen newydd?

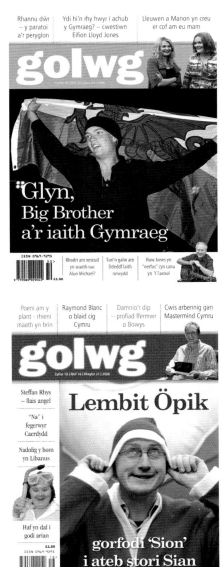

Rhannu dŵr – y paratoi a'r peryglon

Ydi hi'n rhy hwyr i achub y Gymraeg? – cwestiwn Eifion Lloyd Jones

Lleuwen a Manon yn creu er cof am eu mam

golwg

Cyfrol 19 | Rhif 22 | Mehefin 24 | 2006

"Glyn, Big Brother a'r iaith Gymraeg

ISSN 0969-9295

£1.50

Rhodri am wneud yn waeth nac Alun Michael?

Tori'n galw am Ddeddf Iaith newydd

Huw Jones yn "nerfus" cyn canu yn Y Faenol

Poeni am y plant - rhieni maeth yn brin

Raymond Blanc o blaid cig Cymru

Damnio'r dip – profiad ffermwr o Bowys

Cwis arbennig gan Mastermind Cymru

golwg

Cyfrol 19 | Rhif 16 | Rhagfyr 21 | 2006

Steffan Rhys – llais angel

"Na" i fegerwyr Caerdydd

Nadolig y born yn Libanus

Haf yn dal i godi arian

£1.50

ISSN 0969-9295

Lembit Öpik

gorfodi 'Sion' i ateb stori Sian

gair golygydd
marc jones
Ebrill – Tachwedd 2007

Bues i'n ffodus iawn i fod yn Olygydd *Golwg* yng nghanol bwrlwm gwleidyddol dechrau Llywodraeth Cymru'n Un. Roedd hefyd yn gyfle i gyfuno newyddiaduraeth ac ymgyrchu – roeddwn am weld lluniau byd-enwog Philip Jones Griffiths yn dod 'nôl i Gymru. Gyda'i ganiatâd hael, cawsom argraffu rhai o'r rhai mwyaf cofiadwy yn y cylchgrawn a defnyddio'r fformat mawr i'r eithaf. Wnaethon ni ddim llwyddo yn yr ymgyrch yn syth ond heriwyd y Sefydliad ac mae hynny'n swyddogaeth bwysig i unrhyw newyddiadura o sylwedd.

Llwyddodd colofn Jac Codi Baw i greu naws fwy heriol a phryfoclyd i'r cylchgrawn ac ro'n i'n falch hefyd o dynnu colofnwyr newydd talentog i mewn, fel Phil Stead a Dylan Wyn Williams – mae hi wedi bod yn braf gweld eu talentau'n blodeuo dros y blynyddoedd. Oes, mae yna rywbeth tadol am olygu cylchgrawn!

Er bod print yn arafach na'r We, ac yn arafach na theledu a radio ar adegau, mae sylwedd iddo. Mae'n rhywbeth y gallwch gyffwrdd ynddo a'i gadw a'i ailddarllen. Mewn oes o newyddiaduraeth 'ffwrdd â hi' lle mae'r newyddion ymlaen 24 awr, mae cael cylchgrawn sy'n crynhoi wythnos ac sy'n gallu eich arwain ar drywydd gwahanol yn fwy pwysig nag erioed.

Rhagfyr 2, 2004

Yn 1979 y dechreuodd ymgyrch losgi Meibion Glyndŵr ac ymgais yr heddlu i'w dal nhw. Ddeng mlynedd wedyn fe wnaethon nhw un o'u camgymeriadau mawr wrth arestio'r canwr pop Bryn Fôn. Adeg cofio chwarter canrif ers y dechrau, fe fu un o'r directifs yn esbonio beth ddigwyddodd.

Dirgelwch Yncl Huw

Roedd holi Bryn Fôn ynghylch ymgyrch losgi Meibion Glyndŵr yn 1989 – ar ôl i "ddeunydd" gael ei ddarganfod yng nghanol wal gerrig ar dir ei gartre – yn adeg ddiflas iawn i dditectifs Heddlu Gogledd Cymru.

Gwneud pethau'n waeth wnaeth y penderfyniad hefyd i holi Mei 'Wali' Jones a rhai eraill o gast y rhaglen gomedi *C'mon Midffîld*.

Fe ddaeth hi'n glir o fewn dim i'r rhai oedd yn holi'r canwr nad oedd ganddo ddim cysylltiad o gwbl â'r ymgyrch.

Yn ogystal â'r siom, roedd rhaid i'r directifs ddelio â'r glec i'w delwedd; ddeng mlynedd ar ôl y tân cynta yn Llŷn, roedd hi'n ymddangos nad oedd yr heddlu ddim mymryn nes at ddal Rhys Gethin na gweddill Meibion Glyndŵr.

Ond nid drwy ddamwain, ac nid i osod tystiolaeth chwaith, yr aeth yr heddlu i dŷ Bryn Fôn y pen bore hwnnw, yn ôl un o'r directifs oedd yn rhan ganolog o'r ymchwiliad.

Dilyn gwybodaeth yr oedden nhw, ond fod honno'n wybodaeth ffug. Y rhwystredigaeth fawr i'r uned arbennig oedd yn ceisio chwalu celloedd gweithredol Meibion Glyndŵr oedd fod awdur y llythyrau yn agos at lygad y fflam.

"Mi oedd yna lythyrau wedi cael eu gyrru at yr heddlu gan ddyn oedd yn galw ei hun yn Yncl Huw, ac yn un o'r llythyrau mi ddywedodd o fod gan Bryn Fôn stwff yn y wal – weiars a tacla neud ffrwydradau," meddai Alan Owen, cyn-Dditectif Gwnstabl gyda CID Gogledd Cymru.

"Mi o'n i ar y pryd am aros i gadw golwg ar y wal ond fe benderfynwyd mynd i mewn yn syth ac mi gafon ni hyd i weiren."

Pwy bynnag oedd Yncl Huw, mae'n dal yn rhydd ond y rheswm y cafodd ei gymryd o ddifri, meddai Alan Owen, oedd fod Yncl Huw yn gwybod gormod.

"Mi oedd y llythyrau wedi sôn am bethau

nad oeddan ni yn eu gwybod ac, felly, pan fyddai rhywbeth yn cyrraedd gan yr Yncl Huw 'ma, mi oedd o'n cael ei drystio."

Tua'r diwedd roedd y cymeriad yn dweud wrth yr heddlu ei fod wedi dechrau dadrithio gyda'r ymgyrch, yn credu nad oedd pwrpas mewn llosgi rhagor, ac yna fe ddywedodd ei fod am adael Meibion Glyndŵr gan enwi rhai o'i "gyd aelodau" wrth wneud hynny.

"Pwy bynnag oedd Yncl Huw mi ddefnyddiodd yr heddlu i gael mwy o gyhoeddusrwydd i'r ymgyrch, a pa ffordd well oedd i wneud hynny na chael yr heddlu i arestio Bryn Fôn?

"Mi gafon nhw fwy o gyhoeddusrwydd na fysa deg bom wedi eu cael ac, wrth gwrs, doedd gan Bryn ddim byd i wneud efo fo. Ar y pryd mi oedd pobol yn meddwl mai ni oedd wedi rhoi'r stwff yn y wal, ac os oedd o wedi trio gwneud i'r heddlu edrych yn flêr, mi lwyddodd.

"Rhaid i fi gyfadde ei fod o'n glyfar iawn sut wnaeth o fo, ond dyna'r tro ola i ni glywed gan Yncl Huw."

Ond efallai nad oedd Yncl Huw mor glyfar â hynny, wedi'r cwbl …

"Be oedd yn ddiddorol am y weiren gafon ni o'r wal oedd nad oedd hi'n British Standard," meddai Alan Owen. "Mi ffeindion ni fod y weiren wedi dod o'r Dwyrain Pell, Korea ella, ac mi oedd

hi'n glir fod pwy bynnag roddodd y weiren, nid yn unig yn chwarae efo'r heddlu, ond yn bendant yn rhan o Meibion Glyndŵr."

Medi 4, 2003

Yn ystod gwanwyn 2013, daeth y frech goch yn stori fawr yng Nghymru, gyda phryder arbennig am y salwch yng nghylch Abertawe. Ddeng mlynedd ynghynt, roedd gan Golwg straeon yn rhybuddio am hynny.

Mamau a'r MMR

Mae'r Llywodraeth yn dweud mai'r brechiad MMR yw'r unig ffordd o ddiogelu plant rhag y frech goch, clwy'r pennau (neu'r ddoben) a rwbela.

Ond mae mam o Gwmbwrla ger Abertawe yn anghytuno, ac mae'n rhedeg gwefan a chlinig Prydeinig sy'n cynghori mamau eraill hefyd i beidio â rhoi'r brechiad i'w plant.

Yn 2001 y dechreuodd Natalie Bowden y mudiad ymgyrchu Desumo, ac mae'r wraig 34 oed sy'n fam i dri yn dweud bod yna 20,000 o famau eraill bellach wedi unai peidio brechu eu plant o gwbl, neu eu brechu â phigiadau sengl.

Mae Natalie Bowden yn benderfynol bod y Llywodraeth yn cuddio gwybodaeth am beryg y brechiad MMR oddi wrth y cyhoedd, ac mae'n credu'r amheuon fod yna gysylltiad rhwng y brechiad a'r cyflwr awtistiaeth.

"Dyw doctoriaid ddim yn hoffi neb sy'n anghytuno â nhw," meddai Natalie Bowden. "Mae yna lawer o bryderon am frechiadau, nid yn unig MMR ond effaith brechiadau yn gyffredinol ar iechyd hir dymor plant …

"Ond pan gododd yr amheuon am sgîl-effeithiau MMR, chawson ni ddim dewis dim ond MMR – dyw hynny ddim yn deg."

Dr Andrew Wakefield o'r Royal Free Hospital yn Llundain a gynigiodd fod yna gysylltiad rhwng y cynnydd mewn awtistiaeth ac afiechyd y coluddyn, a'r brechiad MMR.

Gwadu hyn yn llwyr y mae meddygon a'r Llywodraeth, sy'n chwifio ffrwyth llafur eu profion eu hunain, yn ogystal â'r defnydd byd-eang o'r brechiad triphlyg, yn dystiolaeth fod MMR yn saff.

Mewn cynhadledd o feddygon teulu Cymru ym mis Awst, fe rybuddiwyd fod epidemig o'r frech goch yn debygol o gyrraedd gwledydd Prydain yn fuan, gan fod llai o rieni nag erioed yn dewis brechiad MMR. Mae'r ganran wedi syrthio i 68% mewn rhai mannau o Gymru.

Yn ôl meddyg teulu o Abertawe, Ian

Millington, mae'n ddyletswydd arno i ddefnyddio'r MMR. Does yna ddim dewis, meddai, gan nad oes yna dystiolaeth yn ei erbyn.

Ond dyw Natalie Bowden ddim yn barod i dderbyn bod epidemig o'r frech goch ar y ffordd. "Mae doctoriaid wedi bod yn darogan epidemig ers blynyddoedd," meddai, "gan ddweud mai bai y rhieni fydd hyn."

Mae Sefydliad Iechyd y Byd (WHO) yn dweud bod yn rhaid i 95% o blant dderbyn brechiad yr MMR er mwyn i gymdeithas fod yn saff rhag epidemig, ac mae'r niferoedd isel yng Nghymru sy'n dewis brechu yn poeni Ian Millington yn fawr.

"Dw i wedi gweld effaith yr afiechydon hyn ar blant, a'r plant gwana sy'n diodde fel rheol," meddai. "Niwmonia, enceffylitis ac anffrwythlondeb ymysg dynion gafodd glwy'r pennau pan yn ifanc ... ar hyn o bryd, mae'n debyg mai'r plant sy'n cael y brechiad sy'n cadw'r rhai sydd ddim yn cael un yn iach.

"Os aiff y ganran yn is eto yna mi all yr afiechydon amlygu eu hunain unwaith eto," meddai Ian Millington. "Un meddyg sydd wedi amau'r MMR a bellach mae llawer o'i gyd-weithwyr yn anghytuno ag e.

"Sa i'n ddigon haerllug i ddweud nad yw meddygon byth yn gwneud camgymeriadau, ond mae pwysau'r dystiolaeth yn drwm iawn o'n plaid ni. Y peth hollbwysig yw nad yw'r rheiny sydd ag amheuon ddim yn peryglu iechyd y mwyafrif."

Mae tystiolaeth Andrew Wakefield bellach wedi ei chwalu'n llwyr ac yntau wedi cael ei ddileu oddi ar y Gofrestr Feddygol yn y Deyrnas Unedig.

Mehefin 15, 2006

Ers blynyddoedd, mae Cris Dafis wedi bod yn cynnig barn wreiddiol, fentrus weithiau, ar fyd celfyddyd a diwylliant poblogaidd. Ond colofn wahanol iawn i'r arfer oedd un o'r mwya cofiadwy.

Golau mewn geiriau

Ar Awst 18 llynedd, symudais i fyw i fyd arall. Ar ôl treulio bore diog yn bwyta a thorheulo ar draeth hyfryd ar ynys Bali, fe fues i bron â boddi ar ôl cael fy nal mewn *rip tide* oedd yn benderfynol o fy llusgo i mas i fola'r môr.

Daeth Alex, fy mhartner, i drio helpu – ac yn sydyn, roedd y ddau ohonon ni'n boddi. Fe ges i fy achub. Doedd Alex ddim mor lwcus. Am un o'r gloch y prynhawn hwnnw, fe fu Alex farw.

Mae fy myd wedi bod yn unig a thywyll, ond mae help wedi dod o'r llefydd mwyaf annisgwyl – gan deulu a ffrindiau, wrth gwrs, ond hefyd gan ddieithriaid llwyr, yn bennaf ar y We.

Ac mae un peth fel petai'n clymu pobol mewn galar at ei gilydd – y nerth sy'n gallu dod o ddarllen.

Mae galar – am ei fod e mor boenus, efallai – yn agor y meddwl. Mae'r pethe bach pitw, ymarferol hynny fu mor bwysig gynt, bellach yn ddim.

Mae cwestiynau lot mwy i bendroni drostyn nhw – ac yn aml, mewn llenyddiaeth y mae'r atebion yn dechrau dod yn gliriach. Ac yn aml, gan amaturiaid llwyr sydd heb sgrifennu erioed o'r blaen y mae'r geiriau sy'n dod â'r cysur mwyaf. Yn ystod oriau mân un bore, pan o'n i wir yn credu nad oedd dyfodol o gwbl, wi'n cofio darllen y gerdd fach hon:

Feddyliais erioed y gallwn fyw drwy dy angladd
– ond, rywsut, fe wnes …
Feddyliais erioed y byddai'r dagrau yn peidio
– ond rywsut, fe wnaethon nhw …
Feddyliais erioed y gallwn fyw hebddot ti
– ond, rywsut, mi ydw i …

Falle na fydd y gerdd hon yn ennill Coron yr Eisteddfod, ond fe siaradodd â fi mewn ffordd uniongyrchol a aeth yn syth i 'nghalon a goleuo dipyn ar dywyllwch creulon angau. Ac fe ges i gysur aruthrol o'r geiriau syml hyn hefyd:

Cydia mewn bywyd gyda'r asbri fu gennyt gynt
Gwna hyn i fi – a gwna hyn i ti.
Mae bywyd yn para i ni'n dau.
Rydw i gyda ti,
Ac yn dy garu.

Dw i'n gweld eisiau Alex bob dydd – a dw i'n byw mewn byd sy'n dal yn newydd i fi. Ond yn y byd hwnnw, mae llenyddiaeth yn rhywbeth gwahanol iawn i fi.

Nid rhyw lyfr clawr meddal i'w ddarllen yn gyflym a'i daflu yw llenyddiaeth mwyach, na chwarae clyfar gyda llythrennau ac odlau yn y gobaith o ennill gwobr – ond geiriau o'r galon sy'n gallu newid bywydau.

Medi 7, 2006

Cofio Kyffin

Llun: Cen Williams

Ionawr 29, 2004

Fe wnaeth un dyn fwy na neb i chwalu'r syniad fod gan Gymru ddiwylliant heb draddodiad o arlunio a chelf weledol.

Rhoi celf Cymru ar y map

Fe ddaeth ymdrech fawr un dyn i roi statws i gelfyddyd y Cymry i ben, a hynny ar ôl bron i ugain mlynedd o waith ymchwil.

Gyda chyhoeddi'r gyfrol ola yn y gyfres Diwylliant Gweledol Cymru, fe fydd yn rhaid i Peter Lord adael ei swydd yn y Ganolfan Uwchefrydiau Cymreig a Cheltaidd yn Aberystwyth. Mae ei waith yno ar ben, am y tro.

Yn 1986 y meddyliodd y dyn o Exeter gynta am lunio cyfrol yn trin a thrafod celfyddyd Gymreig sydd, yn ei farn e, wedi'i hanwybyddu. Mae'n credu bod traddodiad brodorol y Cymry wedi ei wthio o'r neilltu a'i ddilorni, am nad yw'n ffitio i syniad pobol uchel-ael o gelfyddyd.

"Dathliad yw'r cyfrolau, mewn ffordd, o'r hyn sydd gyda ni," meddai Peter Lord. "Math o gam cynta yw'r tair cyfrol yma – gosod pethe o flaen pobol a dweud, 'dyma'r stwff'.

"Fe ddylen ni fod wedi cael y stwff yma ger ein bron ni ers canrif. Nawr, o leia, mae wedi gweld golau dydd. Fe allwn ni i gyd fynd ati nawr i'w ddehongli fe, beth yw ei ystyr e."

Yn ei farn e, agweddau "*connoisseur*-aidd" ac uchel-ael at gelfyddyd yng Nghymru a fu'n gyfrifol am wneud i bobol feddwl nad oedd gan Gymru gelfyddyd go iawn ei hun.

"Mae yna rwyg rhwng haneswyr celf sy'n ystyried celfyddyd yn rhan o gymdeithas yn gyffredinol a'r rheiny sy'n dal i lynu wrth yr hen agwedd *connoisseur*-aidd sy'n mynd 'nôl i oes Fictoria, o edrych ar gelfyddyd fel rhywbeth sydd â lle ar wahân, arbennig.

"Dw i'n anghytuno'n llwyr â hynny ac yn meddwl ei bod yn agwedd negyddol iawn. Yn gyffredinol, fy agwedd i tuag at astudio celfyddyd yw ei hastudio hi fel rhan o gymdeithas … "

Mae'n gweld hyder newydd yn y byd celfyddydol yng Nghymru heddiw, diolch i'r gwaith ymchwil hanesyddol y mae ef ac eraill wedi'i gyflawni ers yr wythdegau ac i broffil uwch artistiaid cyfoes, o ganlyniad i lwyddiant rhai fel Shani Rhys James ac Iwan Bala.

"Mae'r hen fytholeg am y diwylliant heb gelfyddyd wedi diflannu," meddai.

Hydref 21, 2004

Ddechrau'r 2000oedd y dechreuodd pobol o ddwyrain Ewrop ddod i weithio yng Nghymru, wedi dod yma trwy asiantaethau llafur preifat. Hyd heddiw, mae degau'n gweithio mewn lladd-dy yn Llanybydder. Ar ôl ymladd rhwng llanciau lleol a nhwythau, fe aeth Golwg *i holi ymhellach.*

Pam fod rhai yn ein herbyn?

Noson y gêm fawr. Cymru'n chwarae Gwlad Pwyl yn rowndiau rhagbrofol Cwpan y Byd 2006.

Mae Andrew Zarow a'i ffrindiau yn gobeithio gweld y gêm ar y teledu yn un o'r tafarnau lleol. Ond, wrth gerdded i mewn, does dim croeso iddo.

Mae tafarnwraig y Crosshands yn Llanybydder yn dweud ei bod yn gweithredu ar gyngor yr heddlu lleol – dim Pwyliaid yn y dafarn heno.

Dyna un canlyniad i helynt a fu yn Llanybydder ychydig wythnosau'n ôl – rhwng criw o Bwyliaid sy'n gweithio yn y lladd-dy lleol a rhai o ddynion ifanc yr ardal.

Mae yna blismyn yn crwydro Llanybydder hefyd, "rhag ofn", wrth i'r dyrnaid bach o Bwyliaid chwilio am rywle arall i wylio'r gêm.

Y Black Lion ydi'r lle amlwg, gan mai yno y mae llawer o'r Pwyliaid yn aros. Ond does dim gêm i'w gweld yn y Black Lion chwaith, am nad oes yno deledu lloeren. Does dim ond dau ddewis arall – teithio i Lanbedr Pont Steffan i ddal yr ail hanner, neu fodloni ar *Pobol y Cwm*.

Mae Andrew Zarow, sy'n gwisgo crys pêl-droed Manchester United, yn dweud ei fod e'n wahanol i Bwyliaid eraill Llanybydder. Mae ei Saesneg yn well yn un peth; mae ganddo weledigaeth, meddai, ac nid mewn lladd-dy y bydd ymhen blwyddyn.

Hogyn y ddinas yw e, meddai, ac mae hynny'n rheswm arall pam fod Llanybydder yn ei wneud yn anniddig. Myfyrwyr yw'r rhan fwya o'i ffrindiau gartre yn ninas Mielel yn ne-ddwyrain Gwlad Pwyl ac mae'n gweld eisiau eu cwmni yng Nghymru.

"Dydw i ddim wedi cyfarfod Pwyliaid [gartre] fel rhai o'r Pwyliaid sydd yn Llanybydder; maen nhw'n gallu bod yn flin iawn ac yn ddauwynebog a does gen i ddim amynedd efo hynna.

"Pan glywais i am y trafferth fu fis diwetha dw i'n cyfadde 'mod i wedi cymryd yn ganiataol mai rhai o'r Pwyliaid oedd wedi bod yn wirion, ond dw i wedi clywed ochr arall i'r stori erbyn hyn, a dw i'n derbyn nad eu bai nhw oedd e.

"Dydw i ddim yn deall beth sydd gan rai pobol yn ein herbyn ni; r'yn ni'n gwario yn y pentre, ac yn gweithio'n galed," meddai.

Mae Irek Kabaka, cigydd 35 oed o Olecko yng ngogledd-ddwyrain Gwlad Pwyl, wedi bod yn gweithio mewn un gwlad ar ôl y llall ers degawd.

Doedd hynny'n fawr o broblem yn y blynyddoedd cynnar gan nad oedd ganddo gyfrifoldebau, meddai.

Ond bellach mae ganddo wraig a merch sydd bron yn dair oed. Mae eu gadael nhw am fisoedd ar fisoedd yn anodd, meddai, ond mae gwybod ei fod o'n gwneud hynny er eu mwyn nhw yn lleddfu dipyn ar ei gydwybod.

Does gan Irek Kabaka fawr o ddiddordeb yn y gêm bêl-droed, ac mae'n treulio'r rhan fwya o'i nosweithiau yn ei stafell yn y Black Lion, meddai. Mae pobol Llanybydder wedi bod yn glên, meddai wedyn, ac mae'n beio alcohol am y cwffio.

"Dw i wedi arfer byw bywyd fel yma bellach ac, er fy mod i'n syrffedu weithiau, dw i'n meddwl am yr arian ac mae hynny'n gwneud imi deimlo'n well.

"Taswn i'n gweithio yng Ngwlad Pwyl, dim ond digon o arian i fedru talu biliau a bwyta faswn i'n ei gael, ond wrth weithio dramor, dwi'n gallu gwneud hynna a chynilo hefyd.

"Dw i ddim eisiau gorfod gwneud hyn am byth ond, ar hyn o bryd, mae'n well dewis na dim arall."

Roedd corwynt sydyn ym mhentre Bow Street, Ceredigion, yn ernes o'r achosion o dywydd eithafol oedd i ddod tros y blynyddoedd nesa.

Llun: Keith Morris

Cario'r arch – Simon Easterby, Stephen Jones a Delme Thomas. Ym Mharc y Strade yr oedd un o'r gwasanaethau angladd mwya ers blynyddoedd wrth i gefnogwyr rygbi ac eraill ffarwelio gyda'r cawr o Fynydd y Garreg, Ray Gravell.

Llun: Emyr Young

Awst 30, 2007

Fe ddangosodd adroddiad fod niferoedd y rhai sy'n diodde o gymryd heroin lawer yn uwch yn hen Gymoedd glofaol y De. Ond y tu ôl i'r ystadegau, fel arfer, roedd yna straeon go iawn.

"Drycha arno fe – mae'n marw"

Dechreuodd hunlle Carole Fisher saith mlynedd yn ôl, er iddi gyfadde nad oedd hi'n medru gweld bod ei mab Rhys yn gaeth i heroin ar y pryd.

"Roedd e'n digwydd o flaen fy llygaid ond fethes i weld e. Yna dywedodd fy chwaer: 'Drycha arno fe – mae'n marw.' Roedd e'n 19 oed ac o hynny mlaen mae e wedi bod yn *rollercoaster*."

Mae'r fam o Dreherbert yn y Rhondda wedi gweld bywyd ei mab yn chwalu o flaen ei llygaid: "Mae e wedi colli popeth – job, car. Roedd hynny'n beth mawr am ei fod e'n araf yn dysgu."

Cafodd ei fachu i drio heroin wedi bod yn ysmygu canabis. Cafodd ddau fag am ddim i ysmygu gan ddelwyr cyn gorfod talu £10 am y trydydd. Erbyn hynny roedd e'n gaeth.

Aeth pethau o ddrwg i waeth – y Pasg diwetha cafodd ei ddanfon i'r carchar am fwrglera tŷ ffrind gorau Carole Fisher.

"Mae e wedi bod yn y carchar o'r blaen am yrru heb leisens neu ddwyn ceir, ond hwn oedd y tro cynta iddo fe fwrglera. Rwy'n methu dod i delerau â hyn o gwbl.

"Cafodd ei ddal yn syth – roedden nhw mas o'u pennau ac yn cerdded lan y stryd gyda'r teledu.

"Pe bai e heb gael ei remando'n syth wedi hynny, bydde fe'n farw nawr. Roedd e'n byw drws nesa i ni ac wedi dechre injecto heroin. Roedden ni'n poeni cymaint amdano fe, ro'n i wedi torri'r drws cefn a ffeindio'r holl nodwyddau ar y llawr.

"Roedd e yn y gwely mas ohoni, yn union fel *Trainspotting*. Ro'n i'n ei daro fe yn ei wyneb ond roedd e jyst yn syllu arna i'n wirion.

"Yr unig gysur oedd bod e wedi cyfadde popeth a mynd â'r heddlu at weddill y stwff. Mae gyda fi ddarn o'r papur lleol yn fy mhwrs o hyd sy'n dweud ei fod e'n edifar ac mai hwn oedd y tro cynta."

Ond mae'n anobeithio wrth feddwl am ffordd ymlaen: "Sa i'n gweld ffordd, er y dyle fe fod yn orfodol i gymryd *methadone*. Dyna'r unig flwyddyn ges i heddwch, pan oedd e'n cymryd *methadone*."

Mae'r llys yn gorfodi troseddwyr drwy Orchymyn Prawf Cyffuriau i brofi'u dŵr bob dydd i wneud yn siŵr nad ydyn nhw'n llithro 'nôl ar gyffuriau. Mae Carole Fisher yn dadlau bod hwn yn beth da – yn enwedig gan ei fod yn orfodol.

Mewn saith mlynedd dyw Carole Fisher ddim wedi cael cynnig help. "Y tro cynta i Rhys stopio'r heroin wnaeth e *cold turkey* ei hunan. Roedd e'n beth ofnadw i'w weld." Mae'r effaith ar y teulu yn hir dymor: "Pan oedd e'n byw gyda ni, roedd yr heddlu yma bob wythnos. Rwy'n methu siarad â 'ngŵr am y peth – mae e wedi cau'r peth mas yn llwyr."

Mae disgwyl i'w mab ddod o'r carchar fis Hydref. Mae'n sôn am fynd i Gaerdydd i fyw mewn hostel ond mae Carole Fisher yn ofni mai dod yn ôl i Dreherbert a'r cyffuriau wnaiff e.

"Rwy'n credu y bydd e'n dod 'nôl er bod y rhan fwya o'i fêts yn y carchar. Mae gyda fe fab tair oed yn y pentre."

Mae'n edrych ar y darluniau o'i mab pan oedd e'n blentyn: "Roedd e'n fachgen mor annwyl ond mae'r bachgen yna wedi mynd am byth; mae e wedi mynd."

* Mae ymchwil y Swyddfa Gartref yn amcangyfrif fod camddefnydd o gyffuriau fel heroin a cocên yn costio £15.4 biliwn i gymdeithas bob blwyddyn ac mai defnyddwyr cyffuriau caled – ychydig dros 300,000 o bobol – sy'n gyfrifol am 56% o holl droseddau gwledydd Prydain. Mae chwarter y grŵp yma o ddefnyddwyr yn y carchar.

Tachwedd 15, 2007

Hywel Gwynfryn oedd un o golofnwyr gwreiddiol Golwg *ac fe ddaeth yn ôl i'r tudalennau fwy nag unwaith efo cyfuniad o hiwmor a chwilfrydedd. Ac, ambell dro, tristwch. Marwolaeth y cyn chwaraewr rygbi Ray Gravell oedd un o'r digwyddiadau a effeithiodd ar bobol o bob rhan o Gymru, oherwydd ei Gymreictod, ei gynhesrwydd a'i ddewrder yn wyneb afiechyd ...*

Yr act olaf – cofio Ray

(Gwelwn ŵr yn ei bumdegau yn sefyll o flaen giatiau uchel. Mae'n gwisgo sanau coch, crys coch, menig coch. Mae hyd yn oed ei farf yn goch. Daw gŵr arall i'r golwg mewn gwisg laes, wen.)

Pedr: Ray?

Ray: Ie. Mae'n ddrwg 'da fi 'mod i'n hwyr, ond o'dd traffig jam o gwmpas Parc y Strade. Bysus, ceir, miloedd o bobol. Sa i'n gwbod beth oedd 'mlan.

Pedr: Peidiwch â phoeni. A gweud y gwir doedden ni ddim yn eich disgwyl chi am flynyddoedd, ond mae popeth yn iawn. Rydyn ni wedi trefnu lle i chi.

Ray: Fi wedi dod â'r wisg wen 'da fi, rhag ofn fod lle i fi yn y Côr ... 'Er gwaethaf pawb a phopeth, r'yn ni yma o hyd' ... Beth chi'n feddwl o'r llais? Odi e'n OK?

Pedr: Ydi.

Ray: Chi'n siŵr? ... achos ma tipyn bach o annwyd 'da fi a ...

Pedr: Mae eich llais chi'n iawn. Peidiwch â phoeni.

Ray: A fi wedi dod â'r crys coch ... Sgarlets! Sgarlets! Chi'n chware rygbi lan 'ma?

Pedr: Dim ond pêl-droed.

Ray: Pêl-droed? Jiw! Jiw! Wi'n synnu fod digon o Gogs lan 'ma i wneud tîm pêl-droed. Rygbi yw 'ngêm i, chi'n deall.

Pedr: Ydw. Dw i'n deall yn iawn. Tri chap ar hugain i'ch gwlad, chwarae i'r Llewod a churo'r All Blacks ar y Strade o naw pwynt i dri, union 35 mlynedd yn ôl i'r diwrnod y bu'n rhaid i chi adael.

Ray: Allen i gychwyn tîm. Odi Carwyn o gwmpas? Licen i ei weld e 'to, Ivor Jones, Archie Skym, Bryn Meredith, Claude

Davey, Rhys Williams ac Albert Jenkins.
'Na chi chwaraewr oedd Albert Jenkins.

Pedr: Peidiwch â phoeni – gewch chi eu gweld nhw i gyd cyn bo hir.

Ray: Tip Top, Pedr! Tip Top! *(Saib.)*

Pedr: O'n i'n clywed eich bod chi'n daclwr caled yn eich dydd, Ray.

Ray: Weddol, Pedr, weddol.

Pedr: A weithiau'n taclo'n hwyr?

Ray: Na, jyst stori oedd honna, Pedr bach. Chwythodd y reff 'i chwiban unwaith a gweud "Ray, that was a late tackle." A wedes i: "Fair play, reff, I arrived as quickly as I could."

Pedr: *(Yn edrych arno gyda gwên.)* Oes yna unrhywbeth arall?

Ray: O's gobeth i mi ga'l radio yn y stafell?

Pedr: Wrth gwrs.

Ray: Fi moyn cadw mewn cysylltiad 'da'r bois – Les, Mansell, David, Pinky a DH a Robert y Bara. Chi'n deall?

Pedr: Deall yn iawn ond dw i'n amau'n fawr a fyddan nhw'n eich anghofio chi.

Ray: Ble chi moyn i fi fynd, 'te?

Pedr: Wel mae'r lle yma wedi ei rannu'n bedair ardal: Gogledd, Dwyrain, De a …

Ray: Fydde'n well 'da fi fod yn y Gorllewin. Wedi'r cwbwl …

Y ddau gyda'i gilydd: "West is Best."

(Mae'r ddau yn cerdded i mewn drwy'r giatiau. Clywir llais yn llefaru geiriau'r Prifardd Aled Gwyn.):

A diau, er dod diwedd
Deil West is Best heibio'r bedd
Eilun oet i'n gwehelyth
Oet ein llyw, byddi byw byth.

Ebrill 28, 2005

Asesu arwr

Cynog Dafis yn cofio Gwynfor Evans, 1912–2005

Yn ystyr manwl gywir, nid sentimental, y term, ffigwr arwrol oedd Gwynfor.

Arwr y genedl yw'r sawl sy'n penderfynu ysgwyddo'n bersonol holl faich y cyfrifoldeb am ei gwarchod a'i harwain i ryddid, a chario'r baich hwnnw gydag ymroddiad digymysg a di-ildio.

Fel dyn a oedd wedi derbyn galwad, "megis galwad gweinidog yr efengyl", y gwelodd Gwynfor ei hunan, ac mae'r gymhariaeth yn dweud y cyfan am yr union draddodiad arwrol a fuodd yn ysbrydoliaeth iddo-fe ar hyd ei oes.

Fe fodlonodd ar gael ei bortreadu a'i hyrwyddo felly gan ei ddilynwyr, nid o unrhyw egotistiaeth, ond am fod hynny'n cyflawni swyddogaeth er mwyn dwyn y maen i'r wal.

Lawn cymaint, roedd Gwynfor yn realydd, yn benodol wrth ystyried i ba raddau y gellid llusgo cenedl y Cymry, pobol ddigon anarwrol yn ei olwg e, tuag at hunanlywodraeth.

Yn ei addfwynder nodedig a'i ymroddiad i "gael ffordd drwy'r drain at ochr hen elyn", roedd e'n ufudd i orchmynion ei bennaf arwr yntau. Ond fe wyddai hefyd pa mor ddiffrwyth yn ymarferol oedd dal dig.

Pan enillwyd Meirion, Arfon a Chaerfyrddin yn 1974, fe brofwyd bod modd i'r Blaid dorri drwodd mewn etholiadau cyffredinol. Am ychydig, roedd hi'n edrych fel petai unrhywbeth yn bosibl a Senedd i Gymru yn rhwym o ddod. Ond roedd holl ymdrechion y Blaid wedi arwain i gors methiant ac anobaith yn sgil refferendwm 1979. Tebyg na all Gwynfor, dan chwyddwydr dadansoddiad hanesyddol, osgoi rhan o'r bai.

Ond wedi hynny y daeth arwr y genedl i'w lawn dwf. Mae perygl i'r hyn sy'n hanes cyfarwydd droi'n ystrydeb yn ein meddyliau. Y ffaith amdani yw bod penderfyniad Gwynfor i ymprydio hyd angau yn un cwbl syfrdanol, ac yn gambl wleidyddol o'r radd flaenaf. Ond nid ennill sianel deledu Gymraeg oedd y cymhelliad pennaf, er pwysiced hynny.

A'r mudiad cenedlaethol mewn argyfwng

enbyd ac unigryw, dim ond gweithred
symbolaidd arwrol a allai ei godi eto ar ei
draed. Pe bai'r gambl yn llwyddo, dyna flas
buddugoliaeth, ac ysbrydoliaeth o'r newydd.
Pe bai'n methu, a Gwynfor yn marw, byddai'r
cwestiwn cenedlaethol wedi'i gynysgaeddu â
thaer ddifrifoldeb a allai drawsnewid y mudiad.
Dyna fel yr oedd Gwynfor yn ei gweld hi.

   Nod pragmatydd yw'r parodrwydd i ddewis
y dull a'r pwnc a all ateb y diben ar y pryd. Felly
y dewisodd Gwynfor, a arweiniodd y Blaid i'r
llwybr etholiadol ddechrau'r 60au, ymafael
yn nhraddodiad gweithredu uniongyrchol
ddechrau'r 80au.

Gorffennaf 6, 2006

Gweld ei ffrindiau'n marw

Mae teulu o Gaerfyrddin yn dod i delerau â'r ffaith fod eu mab wedi ei anafu'n ddrwg yn Irac.

Ddydd Sul, Mai 28, fe drodd bywyd Janet Evans ben i waered wrth glywed bod ei mab hyna wedi ei ddal gan ffrwydrad yn Irac.

Fel pob un o deuluoedd y milwyr yno, mae'n siŵr, roedd hi wedi bod yn ofni newyddion tebyg. Ond, rhywsut neu'i gilydd, fe ddihangodd Barrie Evans yn fyw.

Fe gafodd y milwr o Gaerfyrddin ei anafu'n ddrwg gan fom min-y-ffordd yn ne-orllewin Basra, ond roedd dau filwr arall, dau gyfaill iddo, wedi marw.

"Roedd dau landrofer yn trafaelio drwy'r ddinas, a dyma nhw'n taro'r bom," meddai ei fam, Janet Evans. "Roedd e yn yr un car â'r rheiny a fu farw.

"Fe gafodd ei daro gan nifer o ddarnau o shrapnel oedd yn hedfan drwy'r awyr, ac roedd niwed i'w lygad dde. Ond mae'n gwella'n awr.

"Maen nhw'n ei gadw yn Irac oherwydd y golygfeydd erchyll welodd e. Pe bai e'n dod gartre, byddai hi'n anoddach iddo fynd yn ôl.

"Cadw'r milwyr eraill o'i amgylch sy'n bwysig, i'w gryfhau. Roedd e'n diodde o sioc, a phetai e'n colli arno'i hun gartre, fyddai neb yn gwybod beth i'w wneud."

Fe gafodd hithau syniad o'r effaith arno wrth siarad gyda'i mab ar y ffôn ychydig oriau wedi'r ffrwydrad.

"Doedd e ddim yn gallu dweud llawer bryd hynny, dim ond i ni beido becso gormod. Roedd e mewn sioc, a pan ffoniodd e eto 24 awr wedyn, roedd e'n ailadrodd 'Dw i wedi colli fy mêts, dw i wedi colli fy mêts. Maen nhw wedi marw, pam nad ydw i wedi marw?'

"Fe fydd rhaid iddo fynd yn ôl. Mae'n gwybod bod y sgwadron ei angen e nawr. Mae e'n 26, ac mae ei gryfder e yn rhoi cryfder i'r bechgyn iau. Dw i mor ddiolchgar ei fod yn dal yma.

"Y milwyr yn Irac yw'r gwir arwyr a d'yn nhw ddim yn cael digon o sylw. Sa i'n cefnogi'r achos gwleidyddol, ond rwy'n cefnogi fy mab."

Tachwedd 8, 2007

Fe fu gan Golwg nifer o golofnwyr radio a theledu gwahanol. Ond, ers blynyddoedd bellach, Dylan Wyn Williams sy'n tafoli a, phan oedd S4C yn 25 oed, fe gafodd gyfle i edrych yn ôl …

Superted, y Sianel a fi

Roedd y Sianel 'mlaen o hyd yn tŷ ni. Os roeddwn i a'm chwaer yn ebychu "bôring", byddai 'nhad yn pwysleisio ei bod hi'n ddyletswydd arnon ni wylio'r arlwy Gymraeg yn lle'r sothach Saesneg.

Felly, roedd gwylio S4C yn ddigwyddiad teuluol iawn mewn degawd lle oedd popeth fel pe baent yn dod o stabl HTV – yr hen stejar *Cefn Gwlad*, llu o gyfresi comedi a chân Caryl, sioeau sebon *Coleg* a *Dinas* (1985–1991) a oedd ymhell o flaen eu hamser cyn i'r Bae bondibethma ddod yn ffasiynol, a ffonio i geisio bachu tegell neu dostiwr *Cyfle Byw* gan y cwis feistr Gareth Roberts ar nosweithiau Sul.

A dw i'n cofio fy chwaer yn cael ei hel i'r gwely, a finnau'n cael aros ar fy nhraed i fwynhau *Minafon* (1985–1990) hefo hiwmor Hyw Twm a Magi, yr hen drwyn Gwen Ellis a'r JR Cymraeg, Dic Pŵal.

Mae hiwmor wedi bod yn bwnc difrifol i'r Sianel o'r cychwyn cyntaf. Roedd *Hafod Henri* (gyda Gari Williams a Gaynor Morgan Rees) yn ffefryn cynnar, ond *Hafod Haidd* ar y llaw arall yn haeddu cael ei gadael ar y domen dail.

Roedd *Teulu'r Mans* (1988–1991) megis Marmite teledu Cymraeg (perthynas caru/casáu), ac am bob *C'mon Midffîld*, bu erchyll bethau fel *Eric* (Roy Noble a Margaret Williams? Nyff sed) ac *Y Ferch Drws Nesa* (a brofodd mai cyflwyno, nid comedi, oedd maes Nia Roberts). Ac er gwaethaf pawb a phopeth, mae traddodiad y *Noson Lawen* yma o hyd.

Degawd o arholiadau ysgol a choleg oedd y 90au i mi, ac addasiadau teledu o fawrion llên Cymru yn ffynhonnell sawl traethawd – o *William Jones* i *Traed Mewn Cyffion*. Cyfnod pan ddarlledwyd ffilm fawr Gymraeg bob Gŵyl Dewi, gyda'r uchafbwyntiau'n cynnwys perfformiad dirdynnol Beryl Williams fel *Nel* (1990) gan Meic Povey.

golwg ar Gymru

Cyfnod o roi S4C ar lwyfan byd-eang, gyda *Hedd Wyn* (1992) yn mynd i Hollywood a chwarae giamocs gyda'n cefndryd Ewropeaidd yn *Gemau Heb Ffiniau/Jeux Sans Frontières*.

Dyma ddegawd y sioeau cwis fel *Jacpot* gyda Kevin Davies a'i odlau ciami; ac un o gomisiynau mwyaf dadleuol y sianel heb os – *Heno* – rhaglen gylchgrawn amser-brecwast-fin-nos oedd yn gyfuniad o gyfweliadau Saesneg a'r Wenglish ryfeddaf o enau Iestyn Garlick a Siân Thomas.

I wneud iawn am hynny, bu'n ddegawd ffrwythlon iawn o ran dramâu unigryw a phoblogaidd am y Gymru fodern, fel hynt a helynt triawd y garej ac eraill ar stad ddiwydiannol yng Ngwynedd (*Pengelli*); cwmni cludiant a delwyr cyffuriau yn ymgiprys am fusnes ar arfordir y gogledd (*A55*); perthynas pobol tre borthladd yn Sir Benfro (*Halen yn y Gwaed*); saga arwerthwyr cefnog y gorllewin (*Pris y Farchnad*, cyn iddi fynd ar chwâl tua'r diwedd); a'r perl o gyfres am bobol y cwm go iawn, *Tair Chwaer*.

Erbyn heddiw, drama arall Siwan Jones sy'n denu'r cynulleidfaoedd, y clod a'r bri, gan gynnwys gwobr Ewropeaidd Rose d'Or 2007 am y gyfres sebon/ddrama ysgafn orau. Camp *Con Passionate* yw dangos bod modd i ddrama Gymraeg sefyll ben ac ysgwydd uwchben cynnyrch y byd Eingl-Americanaidd.

Ond beth ar y ddaear yw'r tueddiad anffodus diweddar o gomisiynu sgriptiau Saesneg [a'u cyfieithu], fel cyfres gyntaf *Caerdydd*, y ddrama gomedi *Cowbois ac Injans* a'r ymdrech gomedïol ddiweddaraf, *Man Del*?

Mae'n peri i rywun aralleirio'r logo newydd, slic, i S4/Cyfieithiad.

Tachwedd 9, 2006

Oed yr addewid – y Ffermwyr Ifanc yn 70 oed

Fe wnaethon nhw'n dda ... roedd rhaid aros tri chwarter awr cyn i'r gynulleidfa weld y dyn cynta mewn dillad merched. I sioe gan y Ffermwyr Ifanc, mae hynny'n rhywfaint o record.

Wrth i'r mudiad ddathlu ei ben-blwydd yn 70 oed yng Nghymru mewn Gala fawr, roedd yna sgetsus tynnu trowsus a thractors ochr yn ochr â chanu gwefreiddiol, dawnsio cyffrous ac un neu ddau o berfformiadau comic a fyddai – o ddifri – yn help i S4C.

Mae hynny'n ddarlun o ble y mae'r mudiad ei hun arni erbyn hyn; dim ond elfen o'r gweithgarwch ydi ffermio, a lleiafrif yr aelodau sydd ym myd amaethyddiaeth ond mae'r hen reswm tros fodolaeth y mudiad yn aros ac yn destun balchder.

Roedd yna rywbeth symbolaidd hefyd yn y ffaith fod Ffermwyr Ifanc Cymru wedi dewis dathlu eu pen-blwydd yn 70 oed yng Nghaerdydd. Roedd yn mynd yn ddwfn at ran o seici pobol cefn gwlad.

Er eu bod nhw'n aml iawn yn edrych i lawr eu trwynau ar y 'townies'; maen nhw hefyd yn poeni llawer am wneud argraff ar y rheiny a dangos eu bod yr un mor soffistigedig. Eto, ar waetha proffesiynoldeb a sglein y Gala yng Nghanolfan y Mileniwm, roedd yr hen hwyl gwledig yn brigo i'r wyneb hefyd.

Gŵyl y wlad yn y dre oedd y syniad ac mae'n siŵr mai dyma'r tro cynta i ddafad gael ei chneifio ar lwyfan y Ganolfan – un o gampau'r Sioe Fawr yn rhannu'r golau llachar gyda chaneuon sioeau'r West End.

(Fyddai sgetsus a chaneuon nosweithiau adloniant y mudiad ddim wastad yn plesio darllenwyr dinesig y *Guardian*. Tri o'r hoff bynciau yw cymharu barnu gwartheg gyda chwilio am wraig, dynwared pobl hoyw ac ymosod ar fejiterians.)

Ochr yn ochr â'r aelodau heddiw, daeth hen

rai yn ôl … roedd Shân Cothi'n canu, Dai Jones
ac Ifan Tregaron yn dweud jôcs a Bethan Gwanas
yn adrodd profiad … pob un yn canu clodydd y
mudiad i'r cymylau ac yn pwysleisio fel yr oedd
wedi rhoi cyfle a hyder.

Pob un hefyd yn pwysleisio rôl yr arweinwyr
a'r ffaith fod clybiau'n magu arweinwyr newydd –
trwy siarad cyhoeddus a chystadlu ac, yn gymaint
â dim, trwy drefnu a chreu gweithgaredd.

Cymraeg oedd y rhan fwya o'r sioe; er fod
yna ganghennau cry yn rhai o siroedd Saesneg
Cymru, mae'r CFfI wedi datblygu'n fudiad agos at
uniaith Gymraeg yn rhai o'r siroedd eraill.

Does neb yn gallu dweud yn iawn pryd y
digwyddodd hynny; ddeng mlynedd ar hugain yn
ôl, fel gyda llawer o weithgareddau cymdeithasol
y Gymru wledig, fe fyddai llawer o'r busnes
ffurfiol wedi cynnwys talp helaeth o Saesneg.
Bellach, mewn siroedd fel Meirionnydd, neu
Eryri neu Geredigion, mae hynny'n eithriad
mawr.

Mae mwy na 6,000 o aelodau trwy Gymru
erbyn hyn – cynnydd sylweddol ers cyfnod du
adeg clwy'r traed a'r genau bum mlynedd yn ôl.
Ac mae'r twf yn digwydd yn nannedd mewnlifiad
a cholli pobol ifanc i ardaloedd fel Caerdydd.
Mae llawer o'r wlad yn y ddinas eisoes.

Ionawr 8, 2004

Yn 2008 y daeth enw Duffy yn gyfarwydd i ddilynwyr pop ar draws y byd gyda recordiau rhif 1 a chyfres o wobrau. Ond cafodd Cymru gip arni cyn hynny, heb lwyddo i'w gwerthfawrogi'n llawn.

Seren y Swistir? Dim diolch!

Flwyddyn yn ôl, roedd yn well gan Aimée Duffy deithio i'r Swistir i geisio dilyn gyrfa cantores na hyd yn oed meddwl am wneud hynny yng Nghymru.

Ond nawr – wedi iddi ddod yn ail ar y rhaglen dalent Gymraeg *Wawffactor* ar S4C – mae'r ferch o Nefyn ym Mhen Llŷn wedi sylweddoli bod gan Gymru fwy i'w gynnig iddi.

Mae Aimée Duffy, gyda'i gwallt golau a'i sgwrs hanner Cymraeg hanner Saesneg, yn gwybod ers blynyddoedd mai canu – a dim arall – y mae hi am ei wneud.

Mae hi hefyd yn gwybod na fydd dim yn cael ei roi ar blât iddi. Dyna pam, meddai, yr aeth hi i fyw i'r Swistir ar ei phen ei hun pan oedd hi'n ddim ond dwy ar bymtheg oed. Roedd hi'n dilyn ei breuddwyd.

"Mi o'n i wedi trio cyn gymaint o bethau ers cyn gymaint o amser yng Nghymru, ond *generally*, mae cael hogan ifanc yn dweud yn hollol *serious* mai cantores mae hi eisiau bod yn *not heard of*," meddai Aimée Duffy.

"Felly, mi o'n i'n teimlo nad oedd yna ddim *avenue* yma i fi. Dyna pam yr es i am *audition* efo'r cwmni recordio yn Swistir."

Ond er iddi dreulio dros flwyddyn yn teithio yn ôl ac ymlaen i'r Swistir, ac yn ysgrifennu a recordio 50 o ganeuon yno tra oedd hi hefyd ar ganol gwneud ei harholiadau Lefel A yng Nghymru, dyw Aimée Duffy ddim yn seren yn y Swistir. A dyw hi ddim ar frys i fynd yn ôl yno.

"Mi oedd yr holl beth yn lot o *stress*, ac wrth sbïo'n ôl dw i'n gallu dweud nad oedd *direction* yr holl beth yn iawn, a bod y cynhyrchwyr eisio i mi ganu mewn ffordd nad o'n i ddim eisio.

"Dw i'n gallu gweld rŵan hefyd pa mor anodd oedd hi i fi, fatha hogan ifanc mewn gwlad ddiarth, i orfod gweithio ar ben fy hun efo dim ond dynion, a mi o'n i *definitely* yn cael fy mwlio …"

Mae Aimée Duffy, sy'n 19 oed ac yn fyfyrwraig ym Mhrifysgol Warrington, yn siarad yn angerddol ac mae'n dweud ei bod hi'n teimlo pethau i'r byw.

Ond, er yr awch amlwg sydd i'w deimlo yn ei sgwrsio ac i'w weld yn ei pherfformio, mae hi'n cydnabod y byddai ambell un llai allblyg na hi yn ystyried ei bod yn mynd dros ben llestri efo'i siarad, siarad, siarad a'i brwdfrydedd sy'n berwi drosodd.

Mae hi wastad wedi bod yn ymwybodol o hyn, meddai, hyd yn oed pan oedd hi'n hogan fach ac yn canu o flaen ei ffrindiau.

"Fy *audience* cynta i oedd fy ffrindia ysgol i a nhw hefyd oedd y rhai cynta go iawn i ddeud wrtha i fy mod i'n medru canu."

Fe gafodd Aimée Duffy ei magu rhwng dau le, a dau begwn ieithyddol, yng Nghymru. Fe aeth hi i'r ysgol gynradd yn Nefyn, ac yn Nefyn y mae hi'n byw rŵan, ond yn Sir Benfro yr oedd hi'n byw adeg ysgol uwchradd …

"Os faswn i wedi aros yn Nefyn, dw i ddim yn meddwl y baswn i'n canu rŵan, achos dwi'n cofio gorfod canu pethau eisteddfodol yn yr ysgol yno, a chael row gan yr athrawes am weiddi gormod, ac mi oedd hynna'n lladd y *soul* oedd gen i tu mewn i mi."

Chwefror 15, 2007

Cymeriad ar y cae – Gareth Bale

Ddiwedd y llynedd, fe enillodd Gareth Bale ei le yn llyfrau hanes pêl-droed Cymru. Ef oedd y person ieuenga erioed i sgorio gôl dros ei wlad. Roedd hynny'n coroni blwyddyn brysur yn hanes y cefnwr 17 oed o Gaerdydd – yr ail berson ieuenga erioed i chwarae i dîm Southampton.

Ers mis Ebrill 2006, mae wedi chwarae 27 o weithiau dros ei glwb [Southampton ar y pryd] ac wedi sgorio pump o goliau. Dyna pam fod clwb pêl-droed Tottenham Hotspur wedi cynnig hyd at £10m amdano …

Ond, os yw sylwebwyr yn dweud bod un o draed Gareth Bale yn werth miliynau o bunnau erbyn hyn, fe ddechreuodd chwarae'r gêm brydferth mewn twrnament i blant naw oed yng Nghasnewydd bron i ddegawd yn ôl.

Yno y daeth i sylw rheolwr academi clwb Southampton. "Roedd ei dalent yn amlwg yn syth – ei sgìl gyda'r bêl a'i gyflymdra," meddai Rod Ruddick. Fe aeth Gareth Bale i Ysgol Uwchradd yr Eglwys Newydd, lle'r oedd dan hyfforddiant y pennaeth addysg gorfforol, Gwyn Morris.

"Mewn gêm arferol, roedd yn rhaid i ni ei gyfyngu i un cyffyrddiad o'r bêl, a doedd e ddim yn cael defnyddio ei droed chwith. Dyna'r unig ffordd o gael gêm gyfartal pan oedd e'n chwarae."

Ond, er gwaetha dyrchafiad cyflym Gareth Bale i frig pêl-droed rhyngwladol, dyw e ddim wedi ei chael hi'n hawdd ar hyd yr adeg.

"Roedd e'n fach iawn yn blentyn 14, ac roedd pryder na fyddai'n ddigon tal," meddai Rod Ruddick. "Ond, fe ddaeth hi i'r amlwg, wrth ei bwyso a'i fesur bob dau fis, ei fod o'n dechrau tyfu'n gyflym … Mae o'n 6'1" erbyn hyn!

"Mae o'n dal i dyfu fel chwaraewr ac yn gorfforol. Fydd o ddim ar ei orau am ddwy flynedd arall. Mae modd iddo fo gyflawni unrhyw beth mae o eisiau … Dw i'n siŵr y bydd yn chwaraewr eithriadol."

Y prif ddigwyddiadau

Dyw hi ddim yn glir o hyd a oedd sawl gwrthryfel yn y gwledydd Arabaidd yn golygu 'gwanwyn' go iawn. Ymyrrodd gwledydd y Gorllewin yn Libya i ddiorseddu Cyrnol Gaddafi ac, ar ddiwedd y cyfnod, roedden nhw'n ystyried ymyrryd eto yn rhyfel cartref Syria.

Cafodd Cymru ei thrydydd Prif Weinidog wrth i Rhodri Morgan ymddeol. Carwyn Jones a gymerodd ei le. Ond roedd gwleidyddiaeth – a phopeth arall bron – dan gysgod y dirwasgiad ariannol, gyda chwalfa'r banciau barus a thoriadau gwario llym yn y sector cyhoeddus. Yn rhannol oherwydd hynny, trodd gwendidau'r Gwasanaeth Iechyd a llywodraeth leol yn argyfyngau go iawn.

Diflannodd Bwrdd yr Iaith a daeth Comisiynydd yn ei le wrth i Ddeddf Iaith newydd gael ei gweithredu ac roedd ffigurau Cyfrifiad 2011 yn dangos dirywiad mewn cymunedau Cymraeg eu hiaith ond peth gobaith o ran pobl ifanc.

Gyda sawl achos o lifogydd mawr yng Nghymru, daeth problemau newid hinsawdd yn fwy amlwg hefyd, ond roedd pethau ar i fyny ym myd rygbi, gyda'r drydedd Gamp Lawn mewn saith mlynedd.

Ac roedd yn gyfnod pwysig iawn i *Golwg*, gyda lansio gwasanaeth newyddion trwy'r dydd, Golwg 360, ar y We a dechrau'r paratoadau at ddathlu'r chwarter canrif.

Saethu yn y seilam | Sioe ola' Theatr Gwynedd | Dringo Ben Nevis dros lid yr ymennydd | Matthew Rhys yn ail-greu clawr cynta' Golwg

1988 2008

g20oed lwg

Cyfrol 21 | Rhif 1 | Medi 4 | 2008

£1.50

ISSN 0969-9295

01>

9 770969 929049

Golwg yn 20 oed!

BBC Alba — gwersi i S4C? | Huw Jones ar ddyfodol S4C | Ffrae iaith Aber yn dal i ffrwtian | O Cân i Gymru i Cyw

golwg

Cyfrol 23 | Rhif 10 | Tachwedd 11 | 2010

A fydd teledu i'r Cymry?

ISSN 0969-9295

£1.50

Artaith America yn y gampfa

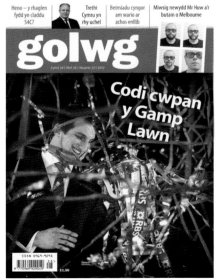

Heno — y rhaglen fydd yn claddu S4C? | Trethi Cymru yn rhy uchel | Beimiadu cyngor am wario ar achos enllib | Miwsig newydd Mr Huw a'r butain o Melbourne

golwg

Cyfrol 24 | Rhif 28 | Mawrth 22 | 2012

Codi cwpan y Gamp Lawn

ISSN 0969-9295

£1.50

Alun Ffred yn galw am symud S4C o Gaerdydd

Yr albym ddwbwl gynta' yn hanes y Sîn Roc Gymraeg

Ram-dam i'r rwdlan ar Radio Cymru

Fala Surion – cyfieithiad arall i lwyfan Cymru

golwg

Cyfrol 24 | Rhif 21 | Chwefror 2 | 2012

Cloriannu a chofio hanner canrif o frwydro

£1.50

ISSN 0969-9295

Ffilm Gymreig seren Sirens

Be' nesa i gartrefi gwag Wylfa B?

Cyhuddo benthycwyr arian o anfoesoldeb

Blaidd wrth y drws

golwg

Cyfrol 24 | Rhif 20 | Ebrill 5 | 2012

Bollywood a Borgen

Cysgod Rhyfel y Falklands

Pencampwr bocsio cic

Tatŵs tlws y ferch o Fôn

£1.50

ISSN 0969-9295

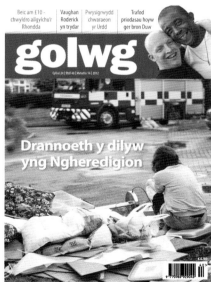

Beic am £10 - chwyldro ailgylchu'r Rhondda

Vaughan Roderick yn trydar

Pwysigrwydd chwaraeon yr Urdd

Trafod priodasau hoyw ger bron Duw

golwg

Cyfrol 24 | Rhif 46 | Mehefin 14 | 2012

Drannoeth y dilyw yng Ngheredigion

£1.50

gair golygydd
siân sutton
Ionawr 2008 hyd heddiw

Roedd Ionawr 2008 yn gyfnod o newid byd a chamu i gyfeiriad newydd. Er fy mod i wedi gohebu i gylchgrawn *Golwg* yn y blynyddoedd cyntaf, prin fod neb wedi gallu fy mharatoi ar gyfer yr her o 'helpu i arwain prif gylchgrawn newyddion a materion cyfoes Cymru' – y geiriau yn yr hysbyseb.

Roedd yr wythnosau cyntaf yn gyfnod o ddysgu cyflym iawn, yn debyg i wynebu tasg newydd bob dydd ar raglen deledu *The Apprentice* – paratoi digon o erthyglau a newyddion, cynnal y newyddiaduraeth, safonau iaith, ystyriaethau cyfreithiol a chael *Golwg* i'w wely mewn pryd bob nos Fawrth.

Cyn hir daeth her newydd wrth i gwmni Golwg ddatblygu gwasanaeth newyddion ar y We. Roedd angen cynnal a chryfhau'r cylchgrawn ochr yn ochr â Golwg 360 ac, er gwaethaf cyfnod economaidd anodd, mae'r gwerthiant wedi dal ei dir.

Mae'r pum mlynedd wedi bod yn gyfnod o newid mawr yn wleidyddol a'r newyddiadurwyr wedi adrodd ar helyntion rhai o brif sefydliadau Cymru, o'r Llywodraeth i S4C a Radio Cymru, ac, yn fwy diweddar, canlyniadau Cyfrifiad 2011.

Trwy'r cyfan mae *Golwg* a Golwg 360 yn parhau i osod safonau newyddiadurol ac yn sicrhau bod cwestiynau'n cael eu holi a sylw'n cael ei roi i newyddion Cymru yn y Gymraeg.

Rhagfyr 18, 2008

"Breuddwyd wedi ei gwireddu" – Yogi adre

Fis Ebrill 2007 cafodd Bryan 'Yogi' Davies ei barlysu mewn damwain ar y cae rygbi. Dros y Nadolig mae yn ôl adre gyda'i deulu yn y Bala.

Mae Sue Davies yn brysur yn lapio anrhegion ar lawr ei thŷ sydd wedi ei weddnewid yn syfrdanol ar gyfer anghenion ei gŵr. Ddeunaw mis ers ei ddamwain ddifrifol ar y cae rygbi yn y Bala sydd wedi'i barlysu o'i wddw i lawr, mae cronfa apêl wedi llwyddo i dalu am addasu ei gartre.

Mae Sue Davies yn codi ei phen yn aml i edrych ar ei gŵr yn gariadus, ac mae'r profiad o'i gael gartre ar gyfer y Nadolig yn anrheg arbennig i'r teulu cyfan.

"Dw i fel arfer yn andros o drefnus ond eleni efo'r holl gynnwrf o gael Bry adre, mae hi'n chwit chwat yma braidd … Fy mwriad ar gyfer eleni oedd cael Bry adre efo ni yn ei gartre'i hun ac mae'r freuddwyd wedi ei gwireddu."

Ar Ebrill 21, 2007, roedd Bryan 'Yogi' Davies yn chwarae ei gêm ola i'r Bala ac wedi ei benodi'n gapten am y dydd. Yn ystod y munudau cynta cafodd anaf difrifol i'w war. Ers hynny mae wedi treulio deunaw mis mewn ysbyty arbenigol yn Southport wedi ei barlysu o'i wddw i lawr.

Ond ar noson tân gwyllt eleni cafodd ambell roced ei thanio yn y Bala i groesawu Bryan Davies adre. Mae'n ddagreuol wrth ddweud na fyddai wedi bod yn bosib heblaw am waith caled a brwydr ei wraig gyda'r awdurdodau er mwyn sicrhau mai gartre y byddai ei gŵr dros y Dolig yma.

"Dw i'n hynod falch o fod adre, ond mae'n mynd i gymryd amser i setlo yn ôl. Mae'n grêt gweld y plant bob dydd a Sue hefyd wrth gwrs … Oedd y cyfnod ar ôl y ddamwain yn gyfnod ofnadwy; am y tri mis cynta doeddwn i ddim yn gallu bwyta na siarad na dim. Roedd yr hunllefau mor ddrwg, roedd yn rhaid imi wrthod cymryd tabledi cysgu.

"Roedd hi'n ddamwain fawr, ac roedd gen i ddau ddewis yn fy mywyd, mynd ar i fyny neu ar i lawr. Felly doedd gen i ddim dewis ond edrych ar i fyny …"

Pan oedd yr yfed yn drech

Mae yfed ymhlith y dosbarth canol Cymraeg yn broblem ddifrifol, yn ôl mudiad sy'n bwriadu agor canolfan yng Nghaerdydd i gynnig help i bobol sy'n cam-drin alcohol a chyffuriau …

"Golles i ddim fy swydd. Golles i ddim fy nghnhar, ges i byth *breathalyser*. O'n i'n byw yn yr un tŷ â'n chwaer, doedd hi ddim yn gwybod bod problem 'da fi …"

Mae Heulwen Thomas yn gerddor proffesiynol, yn dysgu'r ffidil ac yn aelod o sawl grŵp cerddorol. Mae'n cyfeirio at ei hun fel "*functioning alcoholic*".

Roedd hi'n gallu byw trwy'r wythnos heb gyffwrdd diferyn, meddai, ond pan fyddai'r penwythnos yn cyrraedd fe fyddai'n dechrau yfed.

"Mae pobol yn gofyn: 'Sut alli di ddweud bod problem alcohol gen ti? Mae 'da ti dŷ, ti ddim yn edrych fel alcoholic'. Ond o'n i'n dweud: 'Y peth yw, smo chi'n gwybod beth sydd tu fewn fy mhen i.'

"Y diwrnod ar ôl noson allan oedd y broblem i fi. Achos oedd fy mhen i eisiau cario 'mlaen ac o'n i'n gorfod dweud: 'Na na na, mae 'da ti swydd, dyw e ddim y ffordd mae pobol *actually* yn byw, paid â bod yn sili nawr.'"

Dyw Heulwen Thomas, sy'n 51 oed, ddim yn cofio un foment yn ei bywyd pan ddechreuodd yr yfed trwm. Mae'n dweud iddi feddwl ers ei diod cynta yn 18 oed, "Dw i'n mynd i fynd amdani."

Mae'n dweud i'w chyn-ŵr ofyn iddi unwaith i yfed yn gymedrol, ond iddi fethu.

"Ar ôl i ni briodi, fi'n cofio fe'n dweud: 'Allwn ni fynd i'r dafarn a chael un peint tro 'ma? Jyst un drinc?'"

Mae'n bum mlynedd ers i Dafydd Jones gael diod o alcohol. Dyna pryd y trodd am help drwy fynd i gyfarfod a chael cynllun pendant i'w ddilyn yn ei fywyd bob dydd.

Mae hefyd wedi trafod ei ddibyniaeth gyda'i deulu. "Oedden nhw ddim isio rili derbyn bod gen i broblem. Oedden nhw'n meddwl bod o'n bob peth arall. 'Fyddi di'n olreit, be ti isio ydi gwraig a teulu', neu hyn a'r llall," meddai.

"Be mae 'nheulu yn ffeindio'n anodd ydi gwrando. Dw i'n meddwl bod lot o deuluoedd fel hyn. Dydan ni ddim yn licio clywed poen pobol rydan ni'n eu caru, felly maen nhw, ddim mewn ffordd gas, yn bychanu: 'Paid â bod yn wirion, meddwl gormod am bethau wyt ti.'"

Yn y cyfarfod cynta hwnnw, meddai, newidiodd ei fywyd am ei fod wedi sylweddoli bod gan bobol eraill yr un teimladau ag e.

"Wnes i ddysgu'r diwrnod hwnnw 'mod i'n alcoholic... Mewn ffordd roedd e'r newyddion gwaetha dw i erioed wedi'i gael, ond hefyd y newyddion gorau dw i erioed wedi'i gael."

Er ei fod yn obeithiol am y dyfodol erbyn hyn, mae'n cyfadde bod bywyd heb alcohol wedi bod yn her.

"Dw i'n gorfod profi bywyd heb gyffur ac mae hynny'n anodd iawn. Dyna pam mae'r rhaglen dw i'n ei dilyn yn un ddyddiol, sy'n para am byth gobeithio. Achos mae o'n help i ddelio bob dydd efo'r ymennydd yma sy'n trio'i orau i *sabotagio* fi.

"Mae o fatha bod rhywun yn byw tu fewn i 'mhen i sydd ddim yn licio fi ac yn ymosod arna i drwy'r amser. Ac roedd y cwrw yn cau ei geg o am dipyn.

"Ond does gen i ddim cwrw rŵan i gau ei geg o. Felly mae'n rhaid i fi drio mewn ffyrdd eraill."

Ebrill 28, 2011

Stori putain Gymraeg

Mae dynes ganol oed sy'n gwerthu rhyw ac sydd wedi hysbysebu am gleientiaid yn yr iaith Gymraeg yn dweud bod angen cyfreithloni puteindai.

Dyw hi ddim yn dderbyniol fod merched yn gorfod sefyll ar gornel stryd yn aros i ddynion eu codi, meddai.

"Mi fysa cyfreithloni yn rhoi sicrwydd i ferched ddod oddi ar y stryd, yn enwedig genod ifanc," meddai. "Mae lot o genod ifanc ar gyffuriau, ac mae o'n ffordd rad iddyn nhw [wneud arian], ond dydi o ddim yn ffordd saff."

Ers blwyddyn bellach mae 'Dona' – nid ei henw iawn – wedi bod yn cael ei thalu am ryw efo dynion yng Ngwynedd, Môn a thu hwnt. Mae'n cynnal y busnes mewn tai rhent, ac yn gwrthod gweld neb gyda'r nos.

Mae ei chleientiaid yn talu hyd at £200 yr awr, ond mae'r prisiau'n weddol hyblyg a myfyrwyr yn cael rhyw yn rhatach. Yn ôl 'Dona' mae dynion yn dod yr holl ffordd o Loegr i'w gweld hi a'i chyd-weithwraig, 'Veronica'.

Ond dynion sy'n siarad Cymraeg yw'r prif gwsmeriaid, yn amrywio o hen ffermwyr i weithwyr swyddfa ifanc.

Dim ond yn ystod y dydd y bydd 'Dona' a 'Veronica' yn gweithio, a byth ar wahân – mae un wastad mewn ystafell gyfagos tra bo'r llall gyda'r cleient.

"Rydan ni'n edrych ar ôl ein gilydd," meddai 'Dona'. "Os oes yna broblem, gynnon ni o hyd rywun i'n cefnogi ni. Ac, am ein bod ni'n hŷn ella, rydan ni'n medru edrych ar ôl ein hunain yn well.

"Ond mi fasa cyfreithloni yn ei wneud o'n hollol saff i'r genod yna sydd ar y stryd ac mewn peryg."

Cyn rhoi tro ar y diwydiant rhyw, mae 'Dona' yn dweud ei bod yn gweithio naw tan bump mewn swyddfa.

"Wnes i ddechrau'r busnes mis Ebrill diwetha," meddai. "Ro'n i wedi bod yn ddi-waith am ychydig. Ro'n i wedi cael *breakdown,* ro'n i'n gweithio i'r cwmni rhyngwladol yma, ac roedd *pressure* y gwaith yn ofnadwy, ro'n i ar *sick* a ballu.

"Ac ro'n i'n meddwl: 'Sut a' i'n ôl i weithio? Oeddwn i isio mynd yn ôl i weithio?' Oeddwn i ddim isio gweithio mewn swyddfa … a wnes i feddwl: 'Be sy'n mynd i wneud pres reit sydyn?' Achos ro'n i'n byw ar y nesa peth i ddim."

Daeth 'Dona' at sylw *Golwg* ar ôl i un o'n darllenwyr roi gwybod ei bod yn hysbysebu ei gwasanaeth yn yr iaith Gymraeg, mewn papurau lleol yng Ngwynedd a Môn.

"Dw i'n meddwl bod yna dipyn bach o ddiawl yndda i … i gynhyrfu'r dyfroedd ella. Doedd neb wedi'i wneud o o'r blaen, ac roeddwn i'n meddwl fysa fo'n apelio at bobol gyffredin sydd adra ac yn cael y papurau yma, ac eisiau ei drio fo am y tro cynta. Ges i lot oedd heb ei wneud o o'r blaen, am ei fod o yn Gymraeg."

Hefyd mae 'Dona' yn dweud ei bod yn gefn ac yn glust i nifer o ddynion. Mae'n dweud na fyddai ganddi unrhyw wrthwynebiad petai ei merch ei hun am wneud yr un math o waith er mwyn cael arian.

"Dydi o ddim jyst am y pres … Os byswn i ddim yna, dw i ddim yn gwybod be fysan nhw'n ei wneud … ella fysan nhw'n mynd i *rape*-io, pigo rhywun off y stryd a'u cam-drin nhw. Ti ddim yn gwybod, na?"

Medi 11, 2008 ac Ebrill 12, 2012

Mae nifer o gyfresi o erthyglau wedi bod yn Golwg. *Un o'r diweddara yw 20–1, ugain cwestiwn bob wythnos i un person gwahanol. Dyma ddyfyniadau o ddwy esiampl …*

20–1

Iolo 'Dyn Adar' Williams

Beth yw eich atgof cynta?

Un o'r atgofion cynta sydd gen i yw cerdded allan trwy ffenest i fyny'r grisiau yn ein tŷ ni pan oeddwn i'n byw yn Sir Benfro pan oeddwn i'n dair. Wnes i gerdded yn syth allan, a chael gwydr yn fy nghoes. Mae'r graith yn dal yno.

Beth yw eich hoff ddilledyn?

Siorts – yn enwedig y rhai ges i o Fat Face. Maen nhw'n gryf efo lot o bocedi. Maen nhw wedi bod efo fi trwy jyngl a phob math o bethe. Maen nhw wedi bod efo fi am bum mlynedd, ac maen nhw'n dal i fynd.

Beth oedd y foment wnaeth newid eich bywyd?

Pan ddaeth fy mab cynta i'r byd. Mae Dewi yn ddeg oed erbyn hyn, a Tomos yn saith.

Petaech chi'n cael newid un peth yn eich bywyd, beth fyddai hwnnw?

Cael gwared ar yr holl wleidyddion. Maen nhw'n blydi gwastraff amser, ac yn dweud celwydd yn ddi-baid. Faswn i'n saethu bob un!

Beth oedd y peth diwetha i chi ei sgrifennu ar bapur?

Nodiadau bach wrth siarad efo rhywun ar y ffôn, a cherdyn cydymdeimlo i'r cymdogion drws nesa.

Pa lyfr sydd wedi dylanwadu fwya arnoch chi?

Pan o'n i'n fachgen bach, llyfr ges i gen fy nhad, sef *The AA Book of British Birds*. Ro'n i wedi troi bob tudalen filoedd o weithiau. Roeddwn i wrth fy modd hefyd efo nofel Robin Hood. Ro'n i wastad eisiau byw yn y coed efo bwa a saeth.

Beth sy'n eich gwylltio chi fwya?

Cynulliad Caerdydd. Maen nhw'n gwneud bygerôl i orllewin, canolbarth a gogledd Cymru. Tasa'r bleidlais yn dod eto, baswn i'n dweud 'na'. Byse'n well gen i gael fy rheoli gan Loegr!

Dylan Meirion Roberts alias Dyl Mei

Beth ydych chi'n dipyn o arbenigwr ar ei wneud?

Ymddwyn yn drahaus, ailgymysgu hen recordiau Cymraeg a lladd ar bethau dw i ddim yn eu hoffi.

Beth ydych chi fwya anobeithiol am ei wneud?

Bod yn fi fy hun, gwisgo'n daclus, tennis a chadw cyfrinachau.

Beth ydych chi'n ei wneud i gadw'n heini?

Ha ha ha ha ha.

O gofio eich bod wedi canu "gewch chi ffwcio eich gwaith a'ch cyfalafiaeth" ar y gân 'Y Da, y Drwg ac yr Hyll' [gyda'r band Pep Le Pew], pa mor ddosbarth canol ydych chi erbyn hyn?!

Dw i'n meddwl bod dosbarth fwy i'w wneud efo agwedd tydi? Gei di gymryd coeden dderw a'i phlannu mewn coedwig o goed *monkey puzzle*, ond coeden dderw fydd hi o hyd. Wedi dweud hynny, oes yna unrhywbeth fwy dosbarth canol nag ymddangos yn *Golwg*?

Pwy fyddech chi'n gwahodd i'ch pryd bwyd delfrydol?

Andrew Loog Oldham, Gruff Miles oedd yn aelod o Y Dyniadon Ynfyd Hirfelyn Tesog, Zooey Deschanel, R S Thomas, Serge Gainsbourg, Paul McCartney a Tina Turner.

Beth sy'n eich gwylltio fwya am Gymru/y Cymry?

Cyfieithiadau i'r Gymraeg o ganeuon y West End. Pam mae diwylliant Cymraeg wastad i'w weld yn eilradd? Bob tro mae yna gyfieithiad ar S4C mae'r arian cyhoeddi yn cael ei golli i gwmnïau mawr Llundain ac mae yna angel yn marw. Fel dw i'n deall, aelodau Edward H, Mici Plwm, Crysbas, Gwynfor Evans, Cymdeithas yr Iaith a'u tebyg wnaeth frwydro dros S4C – nid Andrew Lloyd Webber, Freddie Mercury ac aelodau'r sioe *Wicked*.

Beth yw eich hoff air?

Sbigoglys.

Dau lun, dwy dyrfa. Dagrau a dyheu – pobol Machynlleth yn gobeithio am ddiwedd hapus adeg diflaniad y ferch 5 oed April Jones, a gafodd ei llofruddio.

Llun: Keith Morris

Cofio protest gynta erioed Cymdeithas yr Iaith – 50 mlynedd wedyn yn yr union le, ar Bont Trefechan, Aberystwyth.

Llun: Marian Delyth

Medi 1, 2011

Ers dechrau Golwg*, fe drodd y Beganifs yn Big Leaves ac fe ffurfiodd y ddau frawd Osian a Meilir Gwynedd fand newydd, Sibrydion, ar eu label eu hunain. Ac fe gawson nhw stiwdio i wneud sŵn.*

Smocio sigârs yn tanio'r Sibrydion

Fe all cymdogion y Sibrydion yng Nghaerdydd dynnu eu bysedd o'u clustiau. Mae dyddiau'r grŵp o wylltio'r bobol drws nesa ar ben!

Wrth drafod pedwerydd albym y band, *Uwchben y Drefn*, mae Meilir Gwynedd yn egluro mai hwn ydi'r un cynta iddyn nhw ei recordio'n fyw, yn gyfan mewn stiwdio.

"Oedden ni *kind of* efo un llygad ar y sŵn byw. Dw i'n meddwl ein bod ni wedi datblygu hwnna yn eitha da dros y blynyddoedd, so oedden ni isio trio cael hwnna ar dâp gorau oedden ni yn gallu rili."

Fel mae'r teitl yn awgrymu, mae yna wedd wleidyddol i'r albym sydd yn amau'r drefn: "Mi oeddwn i'n darllen am Dŷ'r Cyffredin a bod yna far yn fan'na a'u bod nhw'n dal yn cael smocio sigârs. Ti jyst yn gweld bod o'n eitha *hypocritical* mai'r unig le yn y wlad lle ydach chi'n gallu dal i wneud hynna ydi'r lle lle maen nhw'n gwneud y rheolau yma i gyd!"

Ond mae yna ganeuon yn trafod pynciau mwy ysgafn hefyd fel 'Dawns y Dwpis', "sydd fatha stori am ymuno efo *bunch* o fôr-ladron yn mynd off i'r Caribî", neu'r gân serch 'Gwenhwyfar' – "jyst cân bop sydd yn rhoi gwên ar wyneb rhywun". Ar ôl adolygiadau positif gan y papurau Llundeinig o'u halbym Saesneg, *Campfire Classics*, pam troi'n ôl at y famiaith?

"Y prif reswm ydi ein bod ni wedi sefydlu label ein hunain sef JigCal. Mi oedden ni isio gwneud y *release* cynta yn Gymraeg. Mi oedd hynna yn bwysig iawn i ni rili.

"Mi ydan ni wedi cael pobol yn dweud, 'Yeah, that's cool, I love that Welsh music but I can't understand a word of it.' … Dw i'n meddwl os ydi'r miwsig yn dda, mae o'n gallu mynd yn bell."

A dydi Meilir Gwynedd ddim yn pryderu y bydd y band yn mynd yn rhy fawr yn y dyfodol. Does dim lle chwaith i *egos* yn y sîn roc Gymraeg.

"Y peth pwysica ydi trio gwneud albyms gorau gallwch chi a gwneud gigs da. Ocê, ella bod pobol ar y noson yn dweud 'gig grêt', ond diwrnod wedyn jyst *back to normality*, ac fel yna mae hi."

Mawrth 5, 2009

Pam gollais i'r Gymraeg? – cwestiwn mawr John Cale

Mae un o gonglfeini grŵp y Velvet Underground am wynebu nifer o gwestiynau am ei gefndir a'i fagwraeth wrth ddod yn ôl i ffilmio yn ei gartre yn y Garnant, Dyffryn Aman.

Ypenna ymhlith y cwestiynau hynny i John Cale yw sut y collodd ei Gymraeg a pham yr aeth i Efrog Newydd i sgrifennu barddoniaeth yn iaith ei dad.

Yr wythnos ddiwetha, roedd y cerddor yn Theatr y Glowyr yn Rhydaman yn trafod ei syniadau ar gyfer pum ffilm a fydd yn cynrychioli Cymru yng Ngŵyl Gelf y Biennale, Fenis eleni.

"Mae creu'r ffilmiau yn gyfrifoldeb difrifol i fi," meddai. "Nid yn unig am ei fod yn enw Cymru – mae hynny'n eitha brawychus – ond am ei fod yn golygu ymweld â mannau yn fy ngorffennol nad ydw i ddim wedi delio â nhw neu ddim wedi dod o hyd i'r *genre* i ddelio â nhw yn iawn."

Mae'n bwriadu cynnwys caneuon yn y ffilmiau a fydd yn mynd ag ef yn ôl at ei benderfyniad i adael y Garnant yn yr 1960au.

Yn yr Unol Daleithiau yn 1966 y ffurfiodd y grŵp y Velvet Underground a newidiodd gyfeiriad cerddoriaeth gyfoes y cyfnod wrth arbrofi gyda'r cysylltiad rhwng cerddoriaeth roc a cherddoriaeth glasurol *avant garde*. Roedd Andy Warhol [yr artist] ymhlith ei ffrindiau.

Yn ôl John Cale, roedd ei blentyndod yn y Garnant yn llawn cysgodion tywyll a chwestiynau mawr.

"Mae pob *issue* y bydda i'n cyffwrdd â nhw yn codi o un *issue* canolog. Sut gollais i'r iaith Gymraeg? Pam ydw i yn Rhydaman heno yn siarad Saesneg, iaith nad oeddwn yn gallu ei siarad o gwbl hyd nes i fi fod yn saith oed?"

Ochr arall y geiniog honno i John Cale yw'r rheswm pam nad oedd yn gallu siarad Saesneg tan hynny. Roedd ei fam-gu, meddai, wedi gwahardd y teulu rhag siarad Saesneg yn y tŷ er nad oedd tad John yn gallu siarad Cymraeg o gwbl.

"O ganlyniad doedd dim cyfathrebu go iawn rhyngddo i a fy nhad hyd nes oeddwn yn saith oed. Mae gen i *issues* ynglŷn â fy nhad o hyd. Dydw i ddim yn teimlo iddo gyflawni rôl tad. Doeddwn i ddim yn ei nabod fel person …

"Y cwestiwn mawr yr ydw i wedi gorfod ei wynebu wrth baratoi'r ffilmiau yma yw: Sut y gwnes i, Cymro Cymraeg cynhenid, ffeindio fy hun yn ysgrifennu barddoniaeth yn Efrog Newydd yn iaith fy nhad? Ydi'r cyfan yn ymgais i drwsio'r rhwyg? Dw i wedi dechrau ar y daith i ddod o hyd i'r atebion, gobeithio."

Mae'n amlwg hefyd nad yw ei Gymraeg ddim wedi diflannu mewn gwirionedd. Ar ôl peth amser yn ôl yn yr ardal, meddai, roedd geiriau a brawddegau'n dechrau dod yn ôl.

A phan ofynnwyd cwestiwn o'r llawr yn Gymraeg gan yr awdur Hefin Wyn, doedd dim angen cyfieithu, er iddo ateb yn Saesneg. Gofynnodd i John Cale a oedd wedi ystyried sut fywyd y byddai wedi ei gael pe na bai wedi gadael y Garnant.

"Un yn llawn dicter, heb os. Mae dicter yno nawr, ond dw i wedi gallu sianelu hwnna at fy ngwaith. Ond yn y cyfnod hynny, doedd dim dewis arall mewn gwirionedd, roedd yn rhaid gadael."

Rhagfyr 3, 2009

Am ddeng mlynedd, Rhodri Morgan oedd Prif Weinidog Cymru ac un o'i gwleidyddion mwya poblogaidd. Wrth iddo ymddeol o'r brif swydd, fe gafodd ganmoliaeth fawr am ei arweiniad. Ond fe aeth colofnydd Golwg, *Gareth Hughes, yn erbyn y lli canmoliaethus.*

Go-lew oedd Rhodri Morgan

Mae Rhodri Morgan yn rhoi'r gorau i fod yn Brif Weinidog gan symud i'r meinciau cefn yr wythnos nesa. I bob pwrpas, mae ei yrfa wleidyddol yn dod i ben. Ac mae'n sicr y bydd yna lawer o glod i'r dyn.

Yn wir, mae'r clodfori wedi dechrau eisoes. Fe ddywedodd Peter Hain ar ddechrau ei araith flynyddol i'r Cynulliad fod Rhodri Morgan, fel tad datganoli, yn un o fawrion y genedl, o'r un llinach ag Owain Glyndŵr, David Lloyd George ac Aneurin Bevan. Roedd hyd yn oed y meinciau Llafur yn meddwl bod hyn braidd dros y top – bron i mi feddwl mai enw ein nawddsant oedd Rhodri ac nid Dewi.

Ond does dim gwadu'r ffaith fod Rhodri Morgan yn wleidydd adnabyddus a phoblogaidd. Yn wir, yn y pôl piniwn cyntaf gan YouGov yng Nghymru roedd 63% o'r sampl o'r farn bod Rhodri Morgan yn Brif Weinidog da – ffigwr eithriadol o uchel i wleidydd. Fel rheol, amhoblogaidd yw ein harweinyddion wrth adael y llwyfan.

Ond er yr holl glod, rwy'n amau braidd a fydd hanes yn barnu ei fod o'n Brif Weinidog llwyddiannus. Yn fy nhyb i, y gorau y gall rhywun ddweud ydi ei fod wedi bod yn bâr o ddwylo saff. Heb os, ar ôl y dechrau simsan a gafodd y Cynulliad o dan arweinyddiaeth Alun Michael, bendith oedd cael dwylo saff. Ond ar ôl deng mlynedd mae eisiau mwy.

Rwy'n un o'r ychydig sy'n meddwl y gallai fod wedi gwneud yn llawer gwell. Mae'n foi galluog, wedi dal swyddi uchel yn y gwasanaeth sifil a hefyd yn gynrychiolydd Ewrop yng Nghymru. Sham yw ei acen ddosbarth gweithiol. Mae'r boi o gefndir academaidd diwylliannol. Roedd ganddo bob mantais i lwyddo.

Does yna ddim amheuaeth fod Rhodri Morgan yn gefnogol i ddatganoli, ond dydi'r prosiect ddim wedi symud ymlaen fawr ddim tra oedd wrth y llyw.

Fe sefydlodd Gomisiwn Richard i edrych ar bwerau a threfniadau etholiadol y Cynulliad. Fe awgrymodd Richard y dylai Cymru gael yr hawl i ddeddfu ac y buasai'n ddymunol cael pwerau i amrywio trethi. Er i Rhodri Morgan dderbyn yr argymhellion, methiant fu ei ddylanwad wedyn. Cyfanswm y cwbl oedd Deddf Llywodraeth Cymru 2006. Deddf a greodd gyfundrefn ddeddfwriaeth gymhleth a roddodd i San Steffan, i bob pwrpas, *veto* ar gynigion y Cynulliad i ddeddfu …

O bosib y cyhuddiad mwyaf yn ei erbyn ydi'r methiant i gael cyfiawnder i Gymru o ran ariannu. Mi ddylai fod wedi taclo'r Trysorlys yn fuan yn ei swydd er mwyn cael chwarae teg i ni fel cenedl. Rydan ni ers peth amser wedi deall bod Cymru ar ei cholled o dan fformiwla Barnett. Pam yn y nefoedd yr oedodd o cyhyd cyn ceisio newid y sefyllfa?

Mae'r diffyg yma wedi golygu colli biliynau o bunnoedd i'r genedl. Pethau 'poblogaidd' oedd ei flaenoriaethau, nid yr her fawr o wir drawsnewid y genedl.

Na, deng mlynedd digon gwag a gawson ni, gwaetha'r modd.

Ionawr 5, 2012

Un o lyfrau mawr Nadolig 2011 oedd cofiant Alan Llwyd i Kate Roberts a'r sylw'n mynd ar awgrym yr awdur y gallai 'Brenhines ein Llên' fod yn hoyw. Diane Jones oedd un o'r rhai a ymatebodd, a hithau'n gwneud doethuriaeth am ei dramâu …

Kate – gwir neu beidio?

Ar goridorau prifysgol, dros ginio Sul, wrth dalu am betrol, mae'r drafodaeth wedi bod yn un danbaid. Ydi Alan Llwyd yn dweud y gwir? Neu a ydi o wedi colli gafael ar ei reswm?

Rhyw deimlo y mae rhywun mai smotyn o oleuni a gafwyd ar waith a bywyd Kate cyn hyn gyda chyfran fawr yn parhau i aros yn y cysgod.

Rhof enghraifft. Anodd credu bod holl weithgarwch mawr Kate ym myd y ddrama cyn iddi briodi a gadael ei gwaith yn athrawes yn 1928 (a hithau bron yn ddeugain) wedi ei anwybyddu i bob pwrpas gan feirniaid llenyddol hyd yma …

A dyma ail enghraifft, sydd heb ei thrafod o gwbl hyd yma. Tybed a ddylwn sibrwd hyn? Ni chafodd Kate blant. A dyna fi wedi'i ddweud o. Mae llawer wedi ei ysgrifennu am rwystredigaeth a digalondid Katherine Mansfield (awdures a oedd yn cydoesi â Kate ac un yr oedd Kate yn gyfarwydd â'i bywyd a'i gwaith) ynghylch y ffaith na chafodd blant, a sut y bu i hynny effeithio,

nid yn unig ar ei phersonoliaeth, ond hefyd ar ei hawen. A does bosib na chafodd yr un ffaith foel honno effaith bellgyrhaeddol ar Ein Brenhines ninnau?

Yn gam neu'n gymwys, gwnaeth Alan Llwyd gymwynas â Kate. Does dim rhaid inni gytuno ag o. Rydw i eto i gyfarfod ag un dyn byw sydd yn cytuno â barn Alan Llwyd am rywioldeb Kate, fel mae'n digwydd. Ond mae wedi agor y llifddorau. Ac y mae hi'n stori werth ei chlywed. Hanes hynt a helynt bywyd merch, y melys a'r chwerw, heb gelu fawr ddim sydd yma. Merch a frwydrai dros ei hegwyddorion a fu'n ddigon anffodus i syrthio mewn cariad â dyn a garai rywun arall. Ar ei orau mae'r gwaith yn ysgwyd y darllenydd at ddagrau.

Mawrth 28, 2013

RS – yr "eithafwr angenrheidiol"

A hithau'n ganmlwyddiant ei eni, mae cyfrol newydd wedi ei chyhoeddi sy'n sôn am yr obsesiynau y tu ôl i gerddi R S Thomas.

Yn *R S Thomas: Serial Obsessive*, mae'r ysgolhaig M Wynn Thomas yn dangos fel yr oedd barddoniaeth R S Thomas yn troi'n gyson o amgylch un neu ddau o densiynau canolog.

"Mae yna ddau fath o artist," meddai. "Y naill yn dueddol o symud a datblygu a'r math arall yn aros gydag un testun yn hir a mynd yn ôl dro ar ôl tro at yr un pynciau."

Mae'n cymharu R S Thomas gyda'r artist Cézanne a dreuliodd ei flynyddoedd ola'n paentio golygfeydd o'r un mynydd dro ar ôl tro ar ôl tro.

Mynydd R S Thomas oedd ceisio gwneud synnwyr o'i le yn y byd ac mewn amser, a hynny'n dod i'r amlwg trwy nifer o "obsesiynau" – gyda gwladwyr Sir Drefaldwyn, gyda Chymru a gyda Duw.

Yn ddiweddarach, ef oedd y gwahanglwyfus yn yr hen gerdd am Abercuawg, yn clywed cân y cogau ar y canghennau llawn blodau ond yn methu ag amddiffyn y baradwys honno, fel yr oedd y bardd – a'i arwr, Saunders Lewis – yn ei weld ei hun yn methu ag amddiffyn y Gymru oedd ganddo yntau yn ei feddwl.

Mae rhagair y gyfrol yn awgrymu bod gan M Wynn Thomas reswm arall tros gyhoeddi'r gyfrol – ofn fod y byd barddonol Saesneg mewn peryg o esgeuluso R S Thomas.

"I fi," meddai, "ef o hyd yw 'Solzhenitsyn Cymru' – yr eithafwr angenrheidiol …"

Chwefror 25, 2010

Colofnydd chwaraeon Golwg *yw Phil Stead. Yn arbennig ym maes pêl-droed, mae'n llais i'r cefnogwyr cyffredin.*

Gwych yw gêm heb gôl-geidwad

Ar ddechrau'r tymor pêl-droed mi newidiodd plant dan saith oed yng Nghymru'r ffordd roedden nhw'n chwarae'r gêm.

Yn lle cael gêmau traddodiadol wyth bob ochr, dim ond pedwar chwaraewr sydd ar y cae erbyn hyn, yn trio gosod y bêl mewn gôl fach iawn sydd heb gôl-geidwad. Roedd yna dipyn yn erbyn y syniad ar y pryd, ond hanner ffordd drwy'r tymor, does yna ddim dwywaith amdani, mae wedi profi yn system fendigedig.

I ddechrau, mae plant yn cael mwy o amser ar y bêl. Yn lle sefyll ar y cyrion yn rhewi, mae'r chwaraewyr gwannaf yn rhan o'r gêm bob munud. Mae pawb efo rhan i chwarae fel aelod o'r tîm.

Mae yna lot o goliau hefyd. Mae plant yn licio goliau, felly os ydyn nhw'n colli 8-3, bydd yna lot o blant hapus yn mynd adref. Dim bod yna ormod o goliau chwaith. Dydi o ddim yn hawdd gosod y bêl mewn gôl sy'n mesur dwy fetr.

Ond y peth gorau i fi ydy'r awyrgylch sy'n cael ei greu ar ochr y cae dan y system newydd. Does yna ddim gymaint o rieni yn sgrechian; dydi'r hyfforddwyr ddim efo wynebau coch yn gweiddi ar y genod bach i "gadw siâp", "*switch on*", ac yn y blaen. Dydi pobol ddim yn trin y gêmau fel ffeinal Cwpan, ac mae hynny'n iach iawn.

Rydych chi'n dal i weld rhai pethau gwirion. Mae yna rai rheolwyr sy'n gofyn i un o'u chwaraewyr sefyll o flaen y gôl fach i warchod a pheidio â symud. Maen nhw'n methu'r pwynt yn llwyr. Ond, ar y cyfan, mae newid i bedwar bob ochr wedi bod yn llwyddiannus dros ben.

Dw i'n gweld clybiau yn troi cefn ar dwrnameintiau cystadleuol, a chael diwrnodau lle mae plant bach yn chwarae am yr hwyl yn unig. Ac yn fy marn i, base hynny'n grêt.

Mawrth 22, 2012

Yn 2012, fe enillodd Cymru drydedd Camp Lawn rygbi o fewn saith mlynedd ac roedd Alun Wyn Bevan yn bendant am arwyddocâd hynny a'r gêm dyngedfennol yn erbyn Ffrainc.

Drwy gamau bach y daw'r gamp fawr

Oddi ar i Barry, Phil, JPR, JJ, Ray, Delme a Gerald (heb anghofio'r diweddar Merv the Swerve) ddiddanu'r genedl a'r byd rygbi'n gyffredinol yn yr 1970au â'u rygbi ffwrdd-â-hi cynhyrfus, bu'n rhaid i sawl cenhedlaeth o chwaraewyr Cymru ddiodde cymhariaeth â hoelion wyth y cyfnod.

Bellach mae'n rhaid i'r cefnogwyr canol oed ymdawelu a gosod y gorffennol yng nghrombil y cof ac ymhyfrydu yn yr hyn mae timau'r tymhorau diwetha wedi'i gyflawni. Maen nhw'n wir arwyr ac yn *role models* teilwng i blant a phobol ifanc y byd rygbi.

Nid Phil a Barry a Gareth fydd y gri o hyn allan ond Shane, George, Alex, Leigh, Jamie, Mike, Sam, Gethin, Adam a'r gweddill …

[Fore'r gêm] roedd y brifddinas yn bictiwr; haul y bore yn gynnes a chroesawgar a Heol y Porth yn galeidosgôp o liw. Doedd yna ddim lle yn y llety ac arweiniai pob un heol i gyfeiriad Stadiwm y Mileniwm.

Roedd y freuddwyd o ennill Camp Lawn arall yn real a rhai cefnogwyr wedi'u hargyhoeddi bod y canlyniad yn anochel, hyd yn oed cyn i Craig Joubert chwythu'i chwib ar gyfer y gic gynta. Do'n i ddim mor ffyddiog â rhai; amhosib cymryd dim yn ganiataol yn erbyn y Ffrancwyr.

Yn ôl y *Western Mail* boreol roedd tua chwarter miliwn o bobol yn debygol o lifo i Gaerdydd gyda'r mwyafrif yn ddigon bodlon gwylio'r chwarae ar y sgrîn fawr ger Neuadd y Ddinas neu mewn clybiau a thafarndai cyfagos. O leia galle pob copa walltog ddatgan "I was there!"

Roedd yna naws drydanol yn y Stadiwm, y dorf ar bigau'r drain a'r unig sŵn i dorri ar ddistawrwydd y deyrnged haeddiannol i Mervyn Davies oedd crawc ambell frân yn yr entrychion.

"Trwy gamau bach y daw'r gamp fawr" oedd geiriau Warren Gatland yn y cyfweliadau cyn y gêm a dyna'n union a gafwyd mewn hanner cynta ffrwydrol a reolwyd i raddau helaeth gan y Cymry tanllyd. Roedd gan y tîm cartre ddealltwriaeth lawn o'r dasg o'u blaenau …

Roedd yna egni dihysbydd; chwaraewyr yn gwrthod ildio; ymroddiad, gwydnwch a brwdfrydedd yn amlwg; marcio llym yn rhwystro'r opsiynau ac ambell un yn diodde triniaeth giaidd ond gyfreithlon.

Roedd angen fflach o athrylith i groesi'r llinell gais a dyna a gafwyd diolch i gyfraniadau Dan Lydiate, Alun Wyn Jones a Rhys Priestland. Crëwyd cyfle i'r *new kid on the block* Alex Cuthbert. Gwyrodd, ochrgamodd a rhedodd fel cath i gythraul am y llinell gais.

Parhau wnaeth y frwydr yn yr ail hanner. Am chwarter awr roedd tîm Thierry Dusautoir yn dishgwl fel sgorio ond roedd penderfyniad, ymroddiad a bwriad y Cymry'n arwain at gyfres o gamgymeriadau, yn annodweddiadol iawn o *les bleus*.

Pan chwythwyd y chwib ola, roedd y rhyddhad yn amlwg a'r synau'n fyddarol. Mewn gwlad sy'n diodde'n fawr yn economaidd, roedd camp y garfan wedi codi calon cenedl.

Mae Warren Gatland a'i hyfforddwyr brwdfrydig, sydd i'w canmol i'r cymylau am gampau 2008 a 2012, yn benderfynol o lywio buddugoliaethau yn erbyn cewri Hemisffer y De yn ystod y tymhorau nesaf a phetai hynny'n digwydd meiddiaf ddweud mai hwn fydd y tîm gorau erioed i gynrychioli Cymru.

Cryfder y garfan yw'r chwaraewyr wrth gefn – mae un seren yn absennol am gêm ac mae un arall yn ymddangos megis seren wib!

Fel y dywedodd un o gymeriadau'r saithdegau, prop Pont-y-pŵl, Charlie Faulkner, "The world's your lobster!"

Chwefror 28, 2013

Roedd Meilyr Powell yn un o'r dorf yn Wembley wrth i Abertawe guro Bradford 5-0 yn rownd derfynol Cwpan Capital One, a hynny mewn tymor pan gododd Caerdydd i Uwchgynghrair Lloegr, pan aeth Casnewydd yn ôl i brif gynghrair Lloegr, pan enillodd Wrecsam gwpan yn Wembley a phan oedd Cymro, Gareth Bale, yn chwaraewr gorau'r tymor.

Dilyn yr Elyrch – o'r gwaelod i Wembley ac Ewrop

Cafodd ei galw'n "The People's Cup Final" ac mae'n hawdd deall pam.

Pan gerddodd chwaraewyr Abertawe a Bradford allan ar gae hanesyddol Wembley i gystadlu am Gwpan y Gynghrair (Capital One) roedd y byd pêl-droed yn gweld rhywbeth arbennig iawn.

Dyma oedd y tro cyntaf i dîm o'r adran isaf (Bradford) gyrraedd y rownd derfynol a dyma hefyd oedd y tro cyntaf i Abertawe gyrraedd rownd derfynol un o gwpanau mawr Lloegr.

Yn fwy na hyn, roedd yna elfen hynod ramantaidd am yr achlysur. Roedd dinas gyfan Bradford fel petai wedi uno i ddathlu llwyddiant y Bantams – gan deithio i Wembley gyda ffydd newydd yn eu tîm pêl-droed.

Mae elfen leol gref iawn yng nghlwb pêl-droed Abertawe hefyd gyda'r cadeirydd, Huw Jenkins, yn foi busnes lleol tra bod Ymddiriedolaeth y Cefnogwyr yn berchen 20% o'r clwb.

Na, does dim biliwnydd o ben arall y byd y tu ôl i lwyddiant y Swans – mae'r daith anhygoel hon yn un organig gyda'r arian yn brin.

Ddeng mlynedd yn ôl i'r diwrnod, roedd Bradford yn cystadlu yn yr Adran Gyntaf yn dilyn eu cwymp allan o'r Uwchgynghrair y tymor cynt tra oedd Abertawe yn brwydro i aros yn y gynghrair bêl-droed.

Ac fel plotio graff llinell, gallwch ddylunio hanes y ddau glwb ers 2003 fel X fawr wrth iddynt basio'i gilydd fel dau gwch yn y nos …

A phan gamais yn ôl ar y bws yn dilyn y dathliadau a chlywed y ffans yn sôn am deithiau i Marseilles, Madrid a Phrâg, yn sydyn sylwais yn union beth yr oedden ni, fel clwb, wedi ei gyflawni.

Hyfryd.

Medi 22, 2011

Llygaid y byd ar Gilybebyll

Roedd *Golwg* ymhlith y newyddiadurwyr yng Nghilybebyll wrth i ddamwain mewn pwll glo ysgwyd cymunedau Cwm Tawe gan ennyn ymateb ar draws y byd ...

"Dw i ddim yn nabod un o'r glowyr ond dw i'n teimlo fy mod yn eu nabod nhw i gyd."

Geiriau Neil Jenkins, adeiladwr 32 oed o Gastell-nedd. Roedd ymhlith y degau o bobol leol a gasglodd ar y bont ger Cilybebyll lle'r oedd y gwasanaethau achub, y cyfryngau a'r cyhoedd yn cyflwyno'r newyddion diweddara o bwll y Gleision.

"Dw i ddim yn credu i fi gael dwy awr o gwsg neithiwr yn becso amdanyn nhw ac wrth fynd i'r gwaith bore 'ma a chlywed bod un wedi marw, roedd yn rhaid i fi ddod lan fan hyn i ddangos cefnogaeth.

"Bythefnos yn ôl ro'n i'n siarad gyda 'nhad-cu ynglŷn â'i ddyddiau fe yn y gwaith glo ac roedd hwnna ar fy meddwl wrth glywed am y Gleision hefyd."

Y tu allan i neuadd gymuned pentre'r Rhos, lle bu teuluoedd y pedwar glöwr yn disgwyl clywed newyddion am yr ymdrech i'w hachub, meddwl am yr hyn allai fod oedd gŵr a gwraig ymhlith y dorf.

"Nadolig diwetha," meddai'r wraig, "fe aeth y gŵr, dau o'r meibion a ffrindiau iddyn nhw lawr dan ddaear yn y Gleision. Roedden nhw wedi meddwl prynu'r pwll gan fod gyda nhw i gyd brofiad o'r diwydiant glo. Fi alle fod mewn yn y neuadd 'na heddi."

Cerddodd ei gŵr i ffwrdd heb ddweud gair …

"Roeddwn i'n nabod tri o'r glowyr a'u teuluoedd," meddai Rosalyn Davies o Odre'r Graig, "ac mae'n beth ofnadwy i feddwl fy mod i wedi bod trwy'r dydd heddi mewn gyda nhw yn y neuadd yn siarad ac yn gweld eu galar a'u gofid.

"Mae gweld pedwar teulu wedi uno, yn gynta gan obaith, wedyn ansicrwydd, wedyn gobeithio'r gorau, wedyn gwybod bod un wedi

marw ond heb wybod pwy ac wedyn deall
bod y pedwar wedi mynd, yn fwy o emosiwn
dirdynnol nag y bydde neb yn disgwyl ei weld
na'i deimlo."

Yn ôl sawl un o'r menywod a fu yn y neuadd
gyda'r teuluoedd, doedden nhw ddim erioed wedi
profi'r fath deimladau a chlywed y fath wylofain
a sgrechen ag a wnaethon nhw ddydd Gwener
diwetha yn y neuadd fechan honno ar gyrion stad
o dai yn y Rhos. Yn ôl un, roedd yn oeri'r gwaed.

Ac roedd y ffordd yr oedd y newyddion
yn cael ei dorri yn anodd iawn, yn ôl Diane
Williams, a oedd wedi dod i'r Rhos o Gwm-
twrch.

"Wedi iddyn nhw gyhoeddi eu bod nhw wedi
ffeindio un corff, doedd e ddim sbel wedyn pan
wnaethon ni ddeall trwy rai pobol leol pwy oedd
y dyn a oedd wedi marw. Mae hwnna'n siŵr o
ddigwydd mewn cymuned fach fel hyn.

"Ond y becso wedyn oedd ein bod ni'n
gwybod, ond doedd y teulu ddim yn gwybod.
Dyna beth erchyll oedd bod mewn sefyllfa fel'na.
Roedd e'n teimlo'n rong ein bod ni'n dechrau
galaru cyn nhw."

Erbyn diwedd y dydd daeth cadarnhad fod y
pedwar wedi'u lladd dan ddaear – Phillip Hill, 45
o Gastell-nedd, Charles Breslin, 62, David Powell,
50, a Garry Jenkins, 39, o Gwm Tawe.

"Mae heddi wedi dod ag atgofion trist iawn
'nôl i fi," meddai Howard Davies, cyn-asiant yr
Aelod Seneddol Peter Hain. "Yn 1973, a finnau'n
gweithio ym mhwll glo Blaenant ddim yn bell o
fan hyn, gofynnwyd i fi fynd i ddweud wrth deulu
un o'r glowyr ei fod wedi cael ei ladd dan ddaear.

"Dw i'n cofio'r union amser a'r dyddiad hyd
heddi ac mae hwn i gyd wedi dod â phopeth 'nôl
yn fwy poenus unwaith eto."

Hydref 11, 2012

Mae ambell lofruddiaeth yn siglo pobol ymhell y tu hwnt i'r ardal lle bu'r lladd. Un o'r rheiny oedd achos April Jones ym Machynlleth, o'r adeg i'r chwilio ddechrau yn hwyr nos Lun, Hydref 1, 2012 hyd y cafodd dyn lleol o'r enw Mark Bridger ei garcharu am oes ym mis Mai 2013. Adeg diflaniad y ferch 5 oed fe fu'r beirdd yn ymateb – fersiwn geiriol o'r rhubanau pinc a glymwyd ym mhobman i gofio amdani.

Diymadferth

Heno mae'r delweddau'n pallu dod.
Yr awydd yn arafu,
Geiriau'n glynu yn ei gilydd
Ac yn gwrthod gadael fynd,
Nid blinder,
Mae coffi'n cadw hwnnw wrth y drws.

Yn y cefndir y mae'r bwletinau byw,
straeon yn ailadrodd bob rhyw awr,
rhyfelgwn eto'n dadle ar y sgrin,
hanes yn datguddio cythreuliaid,

a'r tu allan, nawr ac yn y man
mae seirennau'n sgrialu drwy'r pentre,
chwilolau hofrenyddion dros yr afon,
braw y nos yn bolltio'r drws
a dagrau pedwar ban yn gwlychu'r lôn.

Heno, mae'r delweddau'n pallu dod.

Hywel Griffiths

Hydref 11, 2012

April Jones ar goll

Llun: Cen Williams

Mehefin 6, 2013

Wedi'r achos, roedd ardal Machynlleth yn ystyried eto beth oedd effaith y digwyddiadau.

"Un o'n plith ni"

"Mae'n amhosib dechrau deall beth wnaeth Bridger," meddai Steve Williams, adeiladwr yn ei ddeugeiniau a oedd yn yfed peint yn un o dafarndai'r dre, y Skinners Arms, drannoeth yr achos llys.

"I feddwl mai un o'n plith ni, un sydd wedi bod mewn fan hyn yn yfed gyda ni, wnaeth y pethau gafodd eu datgelu yn y llys, mae'n frawychus."

A'r achos llys drosodd, a Mark Bridger y llofrudd yn y carchar am weddill ei oes, roedd pobol ar strydoedd Machynlleth yn ceisio hel eu meddyliau a deall sut oedd dygymod â'r hyn sydd wedi digwydd iddyn nhw dros y saith mis diwetha.

Roedd dau berson a oedd yn arfer cerdded ar hyd eu strydoedd wedi mynd am byth, ond am resymau cwbl wahanol.

Roedd Mark Bridger yn berson cyfarwydd yn y dre ers blynyddoedd lawer, wastad ar y tu fas, ond yn rhan o fywyd Machynlleth.

"Ac i feddwl ei fod o wedi gwneud popeth wnaeth o, yn erbyn merch fach o'r dre, a merch pobol yr oedd o'n eu hadnabod," meddai Denzil Roberts. "Mae'r holl beth yn ffiaidd."

"Does dim amheuaeth y bydd yn cymryd amser hir i ni wella o hyn i gyd," meddai'r Parchedig Kathleen Rogers, ficer Eglwys San Pedr a oedd yn flaenllaw wrth arwain y gymuned dros y misoedd diwetha. "Mae'n anodd i bobol sy'n byw mewn tre fel hyn i golli un o'n plant ac wedyn gorfod derbyn mai un o'n plith oedd yn gyfrifol am gymryd ei bywyd.

"Anghofia i byth yr adeg pan oedden ni i gyd yn y Plas [Plas Machynlleth a'r Ganolfan Hamdden gyfagos oedd canolfan y chwilio ym mis Hydref 2012], yn rhan o'r grŵp oedd yn chwilio am April, ac fe glywon ni'r cyhoeddiad mai Mark Bridger oedd yr un a gafodd ei arestio. Fe aeth y lle yn hollol dawel a throdd bwrlwm naturiol cannoedd o bobol yn syndod llethol ac yn fraw hefyd."

"Dydi o ddim yn edrych yn debygol iawn y bydd gwellhad cyflym o hyn i gyd," meddai Delyth Reynolds, wrth siopa ar y stryd fawr. "Ond, os daw o unman, mi ddaw o'r ffordd y mae pobol yr ardal wedi tynnu at ei gilydd."

Am restr gyflawn o lyfrau'r Lolfa, mynnwch
gopi am ddim o'n catalog
neu hwyliwch i mewn i'n gwefan

www.ylolfa.com

lle gallwch archebu llyfrau ar-lein.

TALYBONT CEREDIGION CYMRU SY24 5HE
ebost ylolfa@ylolfa.com
gwefan www.ylolfa.com
ffôn 01970 832 304
ffacs 832 782